Meinem lieben

Schatzy

Über das Buch und den Autor

Es gibt nur wenige Bücher, die uns in wirklich authentischer Weise mit der Weisheit des alten »Reiches der Mitte« in Berührung bringen.
Das »TAO der Gesundheit und Lebensfreude« gehört hierher.
Das Wort TAO bedeutet in der Weisheit des alten China »Urgrund des Seins« oder »Weltgesetz« oder »das Namenlose«. Es ist das, was nicht gesagt werden kann, was mit Begriffen letztlich nicht erfaßt wird, weil man es nur erfährt, wenn man es lebt. Deshalb ist die chinesische Weisheit immer Praxis.
Da Liu ist ein in Amerika lebender chinesischer Meister, der schon seit langem die praktischen Übungen des TAO bei sich selbst anwendet und ein Lehrer des »T'ai Chi Ch'uan« ist, das auch in diesem Buch dargestellt wird. Er schrieb zahlreiche Bücher, die sich mit der Philosophie und der Technik des Taoismus befassen, und trat in Fernsehsendungen auf.
Das »TAO der Gesundheit und Lebensfreude« ist in erster Linie ein praxisbezogenes Buch, und Da Liu gibt hier Anregungen für eine bessere Lebensführung, eine stabilere Gesundheit und ein langes Leben in Freude und innerem geistigen Frieden. Das Spektrum des Buches ist umfassend: Ernährung, richtige Atmung, altchinesische Heilmethoden, die jeder selbst anwenden kann; Körperübungen zur Erhaltung oder Wiederherstellung physischer und geistiger Gesundheit: das sogenannte »T'ai Chi Ch'uan« und die Basis der geistigen Einstellung, die zur Freude am »richtigen« Leben und zu einem hohen Alter führen kann.
Ein Buch, das bei aller Fülle der Fakten die Gelassenheit und Einfachheit chinesischer Lebensweisheit ausstrahlt.

Da Liu

TAO der Gesundheit und Lebensfreude

Fischer
Taschenbuch
Verlag

Die Originalausgabe erschien 1978 bei Schocken Books, New York, unter dem Titel ›The TAO of HEALTH and Longevity‹

Aus dem Amerikanischen von
Sybille Greiling

Deutsche Erstausgabe
Fischer Taschenbuch Verlag
Januar 1982
Ungekürzte Ausgabe

Umschlagentwurf: Jan Buchholz/Reni Hinsch

Fischer Taschenbuch Verlag GmbH, Frankfurt am Main

Satz: Fotosatz Otto Gutfreund, Darmstadt
Druck und Bindung: Clausen & Bosse, Leck
Printed in Germany
880 ISBN-3-596-23389-5

Inhalt

Vorwort

Nach einem wohlbekannten chinesischen Sprichwort streben junge Leute danach, Helden und patriotische Revolutionäre zu werden. Wenn sie sich im mittleren Alter befinden, möchten sie gelehrte Exzentriker sein, und sind sie alt, so wollen sie Einsiedler werden, sich von der Welt zurückziehen und ein friedvolles Leben führen. Wenn ich meine eigenen Erfahrungen betrachte, so stelle ich fest, daß mein Leben diesem allgemeinen Muster recht gut entspricht.

Als ich jung war, las ich pausenlos Geschichten über große Kriegshelden und Abenteurer und lernte voller Begeisterung viele Arten kühner Kampfkünste, wie Shao Lin (ähnlich dem, was man im Westen mit Karate bezeichnet). Wenn ich nicht gerade in der Schule war, konnte man mich oft in unserem Familientempel beim Üben dieser Formen von Gewalt antreffen. Ich boxte gegen die Wände, stieß gegen Bäume etc.

Später, als Universitätsstudent, begann ich mit dem Erlernen der weitaus sanfteren Disziplin des T'ai Chi Ch'uan. Obwohl diese Disziplin auch eine sehr raffinierte Methode der Selbstverteidigung besaß, war ich viel mehr von ihren philosophischen Aspekten fasziniert, von der Art, in der sie die alte Weisheit des Taoismus verkörperte. Ich hörte zu dieser Zeit tatsächlich mit den harten Kampfkünsten auf und widmete fast all meine Energie dem aufmerksamen Studium der alten philosophischen Klassiker: dem *I-Ging,* den Werken von Lao-Tse, Dschuang-Dse und anderen.

Später, nachdem der Krieg meine Universitätslaufbahn unterbrochen hatte, kam ich nach Amerika, wo ich für die UNO (Vereinte Nationen) arbeitete. Nach kurzer Zeit begann ich, T'ai Chi an der UNO, dem Chinainstitut und dem YWCA zu unterrichten. Zu der Zeit war T'ai Chi praktisch unbekannt in diesem Land, und der Unterricht erregte bei den Medien beträchtliche Aufmerksamkeit.

Während der späten 50er und frühen 60er Jahre trat ich mehrere Male im Fernsehen auf. Meine Geschichte erschien zusammen mit Informationen über die T'ai Chi-Übungen in vielen Zeitschriften und Illustrierten, wie z.B. der New York *Herald Tribune, Newsweek, Vogue, Mademoiselle, Mc Call's* und sogar *Children's Day*. Die meisten, die zu diesen Veröffentlichungen eine Beziehung hatten, waren insbesondere an den Selbstverteidigungsaspekten des T'ai Chi interessiert und verlangten nach spektakulären Vorführungen der Kampfkünste. Einige jedoch, vor allem einer meiner Schüler, ein Physiotherapeut, meinten, daß ich einen weitaus positiveren Einfluß haben könnte, wenn ich die gesundheitsbezogenen Aspekte der Übungen hervorheben würde. Ich war völlig mit diesem Standpunkt einverstanden und veröffentlichte 1972 mein erstes Buch zu dem Thema *T'ai Chi Ch'uan und I-Ging.*[1]

Das Buch war hauptsächlich philosophisch und auf Gesundheitsfragen ausgerichtet und erwähnte Selbstverteidigungstechniken nur kurz. Nachdem es veröffentlicht war, begann ich jedoch darüber nachzudenken, wie man die Information über die Übungen den Menschen leicht zugänglich machen könnte, die am ehesten etwas davon hätten. Seit mehreren Jahren waren die Leute, die über mich in Zeitschriften gelesen hatten, von der Tatsache beeindruckt, daß T'ai Chi so mühelos und sanft ist und eine ideale Art von Übung für jeden darstellt, der anstrengendere Methoden körperlichen Trainings nicht anwenden kann oder will. Tatsächlich schlugen einige, die Artikel in Frauenillustrierten gelesen hatten, vor, daß ich ein Buch über T'ai Chi für Frauen schreiben sollte. Andere, die vor allem von der Tatsache beeindruckt waren, daß die Übungen sogar von Menschen weit fortgeschrittenen Alters erfolgreich erlernt und augeübt werden konnten, schlugen vor, daß ich mich besonders an die Älteren wenden sollte.

Je mehr ich jedoch darüber nachdachte, desto klarer wurde mir, daß T'ai Chi Ch'uan nicht so dargestellt werden durfte, daß es sich nur an eine bestimmte Gruppe von Menschen wandte. Das Besondere an T'ai Chi ist, daß es einen universellen Wert als Gesundheitsübung besitzt und darin von keiner anderen Art von Übung übertroffen wird. Während der vielen Jahre, in denen ich diese Übungen gelehrt habe, hatte ich sehr junge und sehr alte Schüler, Männer wie Frauen mit den verschiedensten Religionen und Beschäftigungen. Ich konnte bei allen, die die Geduld und Ausdauer hatten, sie zu lernen und regelmäßig zu üben, den Erfolg beobachten.

Unter meinen Schülern waren verschiedene Schauspieler, Tänzer, Musiker und andere darstellende Künstler, die in ihrer Kunst durch das verbesserte Gleichgewicht, die Koordinationsfähigkeit und Entspannung, die sie durch T'ai Chi entwickelten, erheblich vorankamen.

Andere Schüler waren krank, geschwächt oder drogenabhängig, als sie zu lernen begannen. Sie fanden in T'ai Chi eine unersetzliche Hilfe zur Wiedergewinnung ihrer Gesundheit. Die genaue Wirkung der gesundheitlichen Beeinflussung, die man von der Übung erwarten kann, hängt in gewissem Maße von der eigenen gesundheitlichen Verfassung und dem jeweiligen individuellen Standpunkt ab. Natürlich gibt es viele verschiedene Situationen und Standpunkte, aber das Wichtige ist, daß jeder, der diese Übungen zu einem Teil seines Lebens macht, einen ganz besonderen Wert in ihnen entdeckt.

Der allgemeingültige Wert von T'ai Chi rührt daher, daß, obwohl es seine Wurzeln bei den alten chinesischen Klassikern hat, es auf konkrete Weise ein tiefes Verstehen von Gesundheit und langem Leben darstellt, das fast vollkommen auf die heutige Zeit und die derzeitige Gesellschaft anzuwenden ist. Die meisten Sportarten und Übungen, die heute sowohl im Osten wie auch im Westen ausgeübt werden, sind in erster Linie auf Wettbewerb ausgerichtet und betonen Stärke und schnelle Reflexfähigkeit. Bei diesen Aktivitäten große Leistungen hervorzubringen ist jungen Leuten vorbehalten, besonders denjenigen, die ein anstrengendes Training absolvieren, das ihre Kraft und Ausdauer stärken soll. Diejenigen, die nicht erfolgreich mitstreiten können, werden zur Rolle der Zuschauer verbannt. Das hat zur Folge, daß viele Menschen mit Übungen nur auf eine Art und Weise in Berührung kommen, die für sie nicht gerade als gesund zu bezeichnen ist. Gleichzeitig haben heute viele Leute die Neigung, an Gesundheit nur in bezug auf irgendeine Krankheit zu denken, die geheilt werden muß, und an Langlebigkeit und Lebensfreude nur in bezug auf schicksalhafte Krankheiten, die vermieden werden müssen. Zwar stimmt es, daß durch die Entdeckung von Möglichkeiten, anstekkende Krankheiten zu verhindern und zu heilen, das Durchschnittsalter der Menschen gestiegen ist, jedoch ist inzwischen auch erkannt worden, daß reines Überleben und Altwerden nicht ausreicht. Viele ältere Leute können ihren Ruhestand nicht genießen und sind sehr unglücklich aufgrund von Gesundheitsproblemen und Abnahme ihrer körperlichen Fähigkeiten.

Was T'ai Chi als Alternative anbietet, ist ein viel breiteres Konzept von Gesundheit und Lebensfreude, wonach ein Organismus nur blüht, wenn er während des gesamten Lebens richtig ernährt und versorgt wird. Damit ein Baum gute Früchte trägt, muß er von dem Augenblick an, wo er ein winziger Sproß ist, über die Stadien seiner Entfaltung bis zum Wachsen seiner Blätter und Blüten hin bewässert werden. Es ist wichtig, daß der Baum stark ist, so daß der Wind ihn nicht knicken kann, aber dies ist nur *ein* Faktor guter Gesundheit. Beim Menschen verhält es sich ebenso. Die Übungen und anderen Gesundheitstechniken, die in diesem Buch beschrieben werden, können von jedem regelmäßig angewandt werden. Sie vergrößern nicht nur erheblich die Muskelkraft, sondern fördern auch das Wachstum, helfen, körperliche Gebrechen zu verhindern und zu guter Gesundheit und einem glücklichen Alter gelangen zu lassen.

T'ai Chi Ch'uan jedoch ist mehr als eine Technik, denn es besitzt tiefe geistige Hintergründe. Es ist sehr wichtig zu betonen, daß das Erreichen von Gesundheit und langer Lebensdauer nicht einfach durch eine mechanische Anwendung von Techniken zu bewerkstelligen ist.

Vor kurzem las ich vom Tod des Generals Yang Sen, einem früheren Militärbefehlshaber in China, der in Taiwan berühmt war als Fürsprecher körperlicher Fitness und Langlebigkeit[2]. Um 1920 lernte er den bedeutenden taoistischen Meister Li Ch'ing Yuen kennen, der 250 Jahre alt wurde.

Es gelang ihm, Meister Li zu fotografieren, und später schrieb er ein Buch über ihn, das viel Beachtung fand. Yang Sen glaubte, daß dieser Fall ungewöhnlich langer Lebensdauer erstaunlich war, denn von seiten Li Ch'ing Yuens war keinerlei wissenschaftliches Verständnis vorhanden. Er spürte, daß die Übungen, die Meister Li ausführte (welche dem T'ai Chi Ch'uan ähnelten), zusammen mit den Erkenntnissen der modernen Wissenschaft in bezug auf die menschliche Gesundheit es leicht ermöglichen müßten, lang und gesund zu leben. Es gefiel ihm sehr, seine eigene Gesundheit und Kraft zu demonstrieren, er erschien häufig in der Öffentlichkeit, um außergewöhnliche athletische Kraftleistungen zu vollbringen und Reden über Langlebigkeit und körperliche Fitness zu halten. Die New York *Times* berichtete in ihrem Nachruf, daß er an seinem 96. Geburtstag eine lange Wanderung in die Berge unternommen hatte, gefolgt von mehr als 10000 Menschen. Eine nationalchinesische Zeitschrift, der *New Martial Hero,* berichtete kürzlich von einer Rede, die er hielt und in der er versprach, nach seinem 100sten Geburtstag eine Reise um die Welt zu machen, um die Techniken seiner Langlebigkeit weiter bekannt zu machen. So waren viele Leute überrascht und enttäuscht, als er noch in seinen 90er Jahren an Lungenkrebs starb.

Um 1930, als er Befehlshaber der chinesischen Streitkräfte im Krieg gegen die Japaner war, lernte ich Yang Sen persönlich kennen, und seitdem wurde ich über seine Aktivitäten und Schriften ständig informiert. Ich glaube, daß seine Gesundheits- und Langlebigkeitsmethoden recht gut waren und daß seine Bemühungen, sie weiter bekannt zu machen, ihre Berechtigung hatten. Ich war ebenfalls überrascht von der Nachricht über seinen Tod. Nach weiterer Überlegung jedoch erkannte ich, daß aus seinem unzeitgemäßen Tod wie aus seinem langen und gesunden Leben etwas gelernt werden kann.

Natürlich ist Krebs eine komplizierte, wenig erforschte Krankheit. Man sollte bei Spekulationen über die Ursachen vorsichtig sein, zweifellos wirken eine Reihe von chemischen, physiologischen und vielleicht auch emotionalen Faktoren dabei mit.

Dennoch muß ich bemerken, daß Yang Sens Routine des öffentlichen Sich-zur-Schau-Stellens und der ständigen Selbstdarstellung ziemlich aufreibend gewesen sein und bedeutend von seiner Energie gezehrt haben muß. An solchen Aktivitäten teilzuhaben ist weit vom Ideal des Nichthandelns und des Sich-Zurückziehens von der Welt entfernt, worin die alten taoistischen Klassiker den Schlüssel zum Frieden des Geistes erkannt hatten.

Die New York *Times* hat vor kurzem über eine Reihe von Menschen berichtet, deren Lebensdauer die von Yang Sen bei weitem übertrifft. Fast 20000 Hundertjährige leben in ländlichen Gegenden der Sowjetunion, einige von ihnen sind über 150 Jahre alt. In Amerika ist, gemäß der

Social Security Administration, Charlie Smith mit 135 Jahren[3] der älteste Bürger. Diese außergewöhnlich langlebigen Menschen haben ohne Ausnahme bescheidene Leben geführt, harte körperliche Arbeit geleistet, oft im Freien, von frühester Jugend bis ins hohe Alter. Ihre Nahrung ist sehr einfach, und ihr gesellschaftliches Leben umfaßt hauptsächlich ihre ausgedehnten Familien, die sie verehren und respektieren.

Obwohl diese Leute sicherlich die Gesundheits- und Langlebigkeitstechniken, die Yang Sen praktizierte, nicht kennen, verwirklichen sie in ihrem aktiven, dabei aber unkomplizierten Leben das geistige Ideal der taoistischen Klassiker. Shirali Mislimor, ein 170jähriger Gärtner aus der russischen Aserbeidschangegend, drückt es folgendermaßen aus: »Ich bin nie in Eile. Es nicht eilig haben zu leben, das ist das Wichtigste. Dann muß man natürlich täglich körperlich etwas tun. Ich arbeite mit meinem Körper seit 150 Jahren«.[4]

Im Lauf der Jahre habe ich viele Freunde alt werden sehen. Manche, die keine Übungen oder lebensverlängernde Techniken ausführten, lebten dennoch lang und glücklich, weil sie bescheiden waren und still, im Frieden mit sich selbst. Andere starben vorzeitig, obwohl sie Gesundheitsübungen machten, denn sie konnten ihre Gefühle nicht kontrollieren. Sie wurden böse oder sehr deprimiert, wenn sie Familienmitglieder, Jobs oder Geld verloren. Ich wurde mehr und mehr überzeugt davon, daß das taoistische Konzept, starke Emotionen und Aufregung zu vermeiden, wirklich wichtig für ein erfolgreiches hohes Alter ist. So habe ich dem Buch eine Einführung in die taoistische Philosophie beigefügt, welche, so hoffe ich, dem Leser einiges Verständnis für die taoistischen Ideale der Erlangung von innerem Frieden und Ruhe geben wird.

Mein Wunsch ist es, daß der Leser, indem er sich diese Philosophie zu Herzen nimmt, die Übungen, die ich beschreibe, ausführt, die Informationen über Selbstbehandlung nutzt und schlechte Gewohnheiten und Achtlosigkeit, die unnötige Krankheiten verursachen, meidet und in seinem hohen Alter dafür reich belohnt wird.

Anmerkungen

1 New York: Harper and Row, 1972
2 New York *Times* 17. Mai 1977
3 New York *Times* 20. Juli 1977
4 New York *Times* 9. Sept. 1977, S. 4A

1. KAPITEL

Einführung

Langlebigkeit ist im letzten Viertel des zwanzigsten Jahrhunderts zu einem Wert von großer Bedeutung geworden. Es besteht kaum ein Zweifel, daß wir in einer Zeit leben, die für diese Idee empfänglich ist. Noch vor kurzer Zeit starben die meisten Menschen in der ganzen Welt, bevor sie 50 Jahre alt waren, und nur einige auserwählte Individuen hatten Aussicht auf ein hohes Alter. In den letzten Jahrzehnten jedoch hat eine große Verbesserung in der Kontrolle von gefährlichen und ansteckenden Krankheiten stattgefunden, die Todesrate von Müttern und Kindern ist gesunken und die Qualität der öffentlichen Krankenfürsorge und sonstiger Einrichtungen dieser Art erheblich gestiegen. Daraus hat sich ergeben, daß der Prozentsatz der älteren Bevölkerung ständig zunimmt, so daß die Alten, zumindest in den entwickelten Ländern, eine wesentliche Minoritätsgruppe in der Gesellschaft bilden. In den Vereinigten Staaten ist die Durchschnittslebenserwartung auf mehr als 70 Jahre für Männer und 72 Jahre für Frauen gestiegen. Sie ist in manchen Ländern Europas sogar noch höher.

Nach den derzeitigen Trends sieht es so aus, daß in jeder Gegend der Welt in der Dekade 1970 bis 1980 die Zuwachsrate der 65jährigen und Älteren größer sein wird als die der Weltbevölkerung insgesamt.

Dies Phänomen der verlängerten Lebensdauer hat die Gesellschaft auf vielerlei Weise berührt. Natürlich ist es ein großer Vorteil für viele Menschen, ihr volles Alter auszunutzen, nach ihrer lebenslangen Arbeit auszuruhen und die Entwicklung ihrer Kinder und Enkel zu beobachten. Darüber hinaus stellt die Erfahrung und Weisheit der älteren Menschen einen bedeutenden Wert dar, der, wenn er richtig ausgenutzt wird, auch für die übrige Gesellschaft von Bedeutung sein kann. Auf der anderen Seite hat die zunehmend verbreitete Langlebigkeit zu Problemen geführt, die noch gar nicht richtig eingeschätzt werden können, die aber beginnen, manchmal schwerer zu wiegen als der Vorteil, den die verlängerte Lebensdauer mit sich zu bringen scheint.

Leider ist die Realität des hohen Alters für viele Menschen schwer zu ertragen. Sie glauben, daß sie vielerlei verlieren: Schärfe des Wahrnehmungsvermögens, des Sehens und Hörens, Energieverlust, Verlust einer konventionell attraktiven Erscheinung, Verlust des Einkommens, Verlust der Forderungen und Verantwortung des Arbeitenden, Verlust des Gefährten und der Freunde. Angesichts dieser Verluste und dem daraus entstehenden Streß und der Angst ist es nicht verwunderlich, daß viele alte Leute auch bald den Respekt vor sich selbst verlieren, krank und invalide werden und die Vorteile der verlängerten Lebensdauer kaum nutzen.

Die geläufigen Versuche, diese Probleme zu lösen und den Vorteil langer Lebensdauer zu nutzen, sind von zweierlei Art: 1. Wissenschaftliche Forschung, die darauf zielt, das Verständnis der biologischen und soziologischen Aspekte des Alterns zu verbessern, und 2. Initiativen und Programme verschiedener Regierungs- und Sozialinstitutionen, die darauf ausgerichtet sind, die Lebensqualität der alten Menschen zu verbessern.

Die verschiedenen Prozesse, die beim Altern eine Rolle spielen, werden z. Z. von Wissenschaftlergruppen in der ganzen Welt durch genaue Untersuchungen klarer identifiziert und somit leichter verständlich gemacht. Aber die grundlegendste Frage nach dem, was einen Organismus altern läßt und die Lebenssysteme schwächt und verschlechtert, läßt sich anhand chemischer und biologischer Terminologie nur schwer beantworten.

Es stimmt, daß die Wissenschaft weit entfernt ist von jeder Art von Wissen, das allgemein angewandt werden könnte, um den Alterungsprozeß wirksam zu verzögern oder aufzuhalten.

Bemühungen seitens der Regierung und anderer Institutionen, die Lebensqualität der alten Menschen zu verbessern, haben in allen Bereichen stattgefunden. Auf internationaler Ebene hat die Vollversammlung der UNO beschlossen, die Umstände und Bedürfnisse der alten Menschen zu erforschen und Richtlinien für nationale Maßnahmen und internationales Vorgehen zu entwickeln. Daraufhin fand im UNO-Hauptquartier ein Expertentreffen über das Altern statt, zu dem der Generalsekretär ein Referat vorbereitet hatte[1].

In den Vereinigten Staaten sind die alten Menschen zu einer starken politischen Macht geworden, und es besteht eine Vielzahl von Programmen, die dazu bestimmt sind, ihnen zu helfen. Im Kongreß scheint eine neue Gesetzgebung, nach der für Arbeitende im öffentlichen Dienst der Ruhestand mit 65 Jahren in Wirkung tritt, durchzukommen. Auch wird von vielen privaten Unternehmen die vorläufig noch geltende Ruhestandspolitik abgeschafft. Ähnliche Entwicklungen sind auch an anderen Stellen in der Welt festzustellen, so z. B. in Rußland, das eine bei weitem ältere Bevölkerung hat. Die neuesten Artikel in der Prawda lassen vermuten, daß die Regierung ihre Ruhestandspolitik, welche z. Z. Männern im Alter von 60 und Frauen im Alter von 55 Jahren erlaubt, sich zurückzuziehen, angesichts der Tatsache, daß regelmäßige Teilnahme an nützlicher Arbeit wesentlich für die Gesundheit und ein langes Leben ist, neu prüft.[2] In zunehmendem Maße verteilen die lokalen Regierungen verschiedene Programme, um den alten Menschen bei der Befriedigung ihrer Wünsche in bezug auf Gesundheitspflege, Sicherheit, Transport, Mietkontrolle und andere lebensnotwendige Dinge zu helfen.

All diese Bemühungen sind sicherlich gut und sollten weitergeführt werden, um in größerem Ausmaß wirksam zu werden. Aber gleichzeitig sollte erkannt werden, daß die Initiativen der gesellschaftlichen Institutionen notwendigerweise begrenzt sind und für Gesundheit und Wohlbefinden der Menschen letzten Endes nicht aufkommen können. Die Initiativen sind auch insofern begrenzt, als das Problem des Alterns nur in bezug auf diejenigen behandelt wird, die schon alt sind. Die Fähigkeit eines Menschen, im Alter gesund und glücklich zu sein, hängt jedoch sehr von seinen früheren Aktivitäten ab.

Die Grenzen innerhalb dieser Maßnahmen, das Problem eines langen Lebens anzugehen, macht neue Ideen notwendig. Es wäre gut, wenn eingesehen würde, daß Langlebigkeit nicht nur für alte Leute, sondern für alle einen Wert darstellt. Aus dieser Einsicht heraus müßten Informationen entstehen, die für alle Menschen ohne Unterschied in bezug auf Alter oder Gesundheitszustand von Interesse wären und bei dem ganz persönlichen Versuch, Gesundheit und ein glückliches langes Leben zu erreichen, Einfluß haben.

Ich bin davon überzeugt und weiß, daß in der traditionellen Weisheit Chinas das entsprechende Wissen vorhanden ist. Obwohl die Methoden derzeit im Westen nicht sehr bekannt sind, könnten sie, wenn sie bekannt werden, die Aussichten auf lebenslange Gesundheit und hohes Alter bei allen Menschen verbessern.

In China bemüht man sich seit ältester Zeit systematisch um Gesundheit und Langlebigkeit, und es wurden verschiedene Arten von Techniken entwickelt, um Unsterblichkeit zu erlangen. Der Gebrauch dieser Techniken kann zurückverfolgt werden bis auf Hwang-Ti, den sogenannten Gelben Kaiser, der China ein Jahrhundert lang während des 3. Jahrtausends v. Chr. regierte. Seine Übungen umfaßten T'u Na, eine Atemübung und eine Art von sanften Körperübungen, Tao Yin genannt, was »leiten und führen« bedeutet. Diese Methoden waren Vorläufer der Meditations- und Übungstechniken, die heute praktiziert werden und die in diesem Buch beschrieben sind. Außerdem übte er sich mit seinen vielen Frauen in einer Reihe von sexuellen Praktiken, aufgrund derer er glaubte, unsterblich zu werden. Er beschrieb sie in einer Anzahl von Gesprächen mit einer Frau namens Su Nu, die wahrscheinlich seine Konkubine war. Die Aufzeichnung ihrer Gespräche wurde später als *Su Nu Ching*[3] bekannt. Hwang-Ti sprach mit seinem Armeearzt Chi Po auch über ärztliche Probleme und Methoden, verschiedene Krankheiten zu heilen. Ihre Gespräche wurden bekannt als das *Nei Ching*, das älteste chinesische Medizinbuch. Es ist nicht klar, ob Hwang-Ti die Techniken, die er praktizierte, selbst entdeckte oder entwickelte. Es ist höchstwahrscheinlich, daß er nur den ersten geschriebenen Bericht über den Prozeß einer kulturellen Entwicklung verfaßte, die lange vor ihm begonnen hatte. In der Tat weist das *Nei Ching* darauf hin, daß selbst Hwang-Ti seine Techniken als Anwendung alter Weisheit betrachtete.

Im zweiten Kapitel des *Nei Ching*, genannt »Gesundheit und Langlebigkeit«, findet eine Unterredung statt, in der Hwang-Ti den Chi Po fragt: »Ich habe gehört, daß in früheren Zeiten die meisten Menschen, nachdem sie 100 Jahre gelebt hatten, immer noch kräftig und stark waren. Heute sind viele Menschen schon mit 50 Jahren sehr schwach. Warum? Sind die Umstände der Zeit daran schuld, oder sind die Menschen selbst anders?« Sein Armeeoffizier antwortete, daß die Vorfahren das Tao der Gesundheit kannten. Sie folgten immer dem Prinzip von yin und yang. Ihre Eß- und Trinkgewohnheiten waren maßvoll, sie hatten regelmäßige Zeiten der Arbeit und Ruhe, und sie überarbeiteten oder erschöpften sich nicht. Deshalb waren Körper und Geist bei ihnen in Harmonie, und sie waren fähig, ein natürliches Alter zu erreichen. Chi Po fährt fort, daß die Weisheit der Alten offensichtlich verloren ist, und daß die Menschen nicht mehr so lange leben, weil ihre Lebensweise sich verschlechtert hat.

Wie Chi Pos Antwort zeigt, war die Ausführung der lebensverlängernden Techniken alles andere als die frivole Zerstreuung eines eitlen Monarchen. Es wurde ihnen eine bedeutende Wirkung auf die Qualität und Länge des Lebens derer zugeschrieben, die sie ausführten. Außerdem wurden sie als die Anwendung grundlegender Prinzipien altchinesischer Weisheit betrachtet.

Hwang-Ti erfuhr viel Nutzen aus diesen Übungen. Es ist nicht genau bekannt, wie lange er lebte, aber seine Regierungszeit als Kaiser dauerte ein volles Jahrhundert. Gemäß der Legende wurde er unsterblich und ritt schließlich auf dem Rücken eines Drachens gen Himmel. In der Provinz Shang Shi befindet sich sein Grab, aber es heißt, daß es nur seine Schuhe enthält, welche er abwarf, als der Drache mit ihm davonflog.

Die Bedeutung Hwang-Tis als kulturelle und historische Gestalt kann kaum überschätzt werden. Tatsächlich wird er als Ahne der gesamten chinesischen Nation betrachtet. Jedes Jahr Anfang April feiern die Chinesen den als Ch'ing Ming (wörtlich: »klar und hell«) bekannten Feiertag, der der Bedeutung nach in mancher Hinsicht mit dem christlichen Karfreitag und Ostern zu vergleichen ist. Zu dieser Zeit besuchen viele Menschen die Gräber ihrer Vorfahren und gedenken in Verehrung des Hwang-Ti.

Jahrhunderte nach der Regierungszeit des Hwang-Ti wurden die philosophischen Prinzipien, die den lebensverlängernden Techniken, die er praktizierte, zugrunde lagen, von den großen taoistischen Philosophen formuliert und weiterentwickelt. Besonders sind die klassischen Schriften des Lao Tse (6. Jh. v. Chr.) und Dschuang Dse (4. Jh. v. Chr.) hervorzuheben. Schließlich wurde der Taoismus zusammen mit dem Konfuzianismus und Buddhismus eine von Chinas drei großen Religionen. Er ist in seinem Glauben an die Möglichkeit persönlicher Unsterblichkeit und das Erreichen dieser – wenn auch nicht immer in der Wirklichkeit, so zumindest prinzipiell – durch die Übung seiner Techniken unter den größeren Religionen der Welt einzigartig.

Verschiedene Arten von Techniken sind im Laufe der Jahrhunderte noch entwickelt worden. Der große englische Biochemiker und Historiker Joseph Needham zählt sechs Arten von taoistischen Techniken auf: Atmung, Lichtheilverfahren, Gymnastik, sexuelle, alchemistische, pharmazeutische und auf die Nahrung bezogene Techniken[4].

Die Praxis des Taoismus war in der chinesischen Gesellschaft zu verschiedenen Zeiten der Geschichte von unterschiedlicher Bedeutung. Während bestimmter Zeiten hatte sie die Zustimmung des Kaisers und wurde stark institutionalisiert. Zu anderen Zeiten wurde sie offiziell unterdrückt und überlebte nur in den ungeschriebenen Traditionen des gewöhnlichen Volks. Wie jedoch auch immer ihr offizieller Status war, hat sie sich doch seit ältesten Zeiten als eine fortgesetzte Tradition gehalten. Fast jedes Jahrhundert hat mindestens einen großen taoistischen Arzt hervorgebracht. Einige von ihnen verfaßten Schriften, die uns Informationen über die Entwicklung taoistischer Gesundheits- und Langlebigkeitstechniken geben. Der größte von allen war vielleicht Sun Ssu Mo, der von 581 bis 682 lebte. Er wird noch heute von den Chinesen sehr verehrt. Vor kurzem gaben sowohl die Volksrepublik China als auch Nationalchina zu Ehren seines Beitrags zur Pockenverhütung Erinnerungsbriefmarken heraus. Seine Schriften, einschließlich des *Ch'ien Chin Fang* (Tausend Unzen Goldrezepte), stellen einen reichen Katalog von Krankheiten und empfohlenen Heilmethoden dar. Sie beinhalten auch die frühesten schriftlich überlieferten Berichte über Massage- und Akupressurtechniken. Zusätzlich beschreibt Sun Ssu Mo verschiedene Arten von Techniken zur Verlängerung des Lebens, Körperübungen für verschiedene Jahreszeiten und klimatische Umstände, sexuelle Techniken, den Gebrauch von Nahrung und Kräutern und die Pflege und Ernährung des Geistes. Mehr Information über Sun Ssu Mo folgt später im 9. Kapitel.

Ein anderer großer Taoist, dessen Schriften von Bedeutung sind, war Chang Chun Fang, der während der Sung-Dynastie (10. bis 13. Jh. n. Chr.) lebte. Sein Buch *Yuen Chi Ch'i Chien* (Sieben Kategorien für das Wissen um die Wolken) ist eine Kodifizierung vieler Schriften früherer taoistischer Meister und enthält so viele Einzelheiten über die lebensverlängernden Techniken, wie sie in keiner einzigen früheren Quelle gefunden werden können. Es ist jedoch schwer zu lesen, denn die ursprüngliche Information, die es enthält, ist oft mit abergläubischem Unsinn und Gerede über Magie und Zauberei vermischt. Die Tendenz des Taoismus, mit Zauberei und Volksaberglauben vermischt zu werden, hatte als unglückseliges Ergebnis, daß seine wesentlichen Einsichten, die mit so klarer Einfachheit bei den alten Klassikern ausgedrückt sind, oft verdunkelt wurden. Viele Menschen haben daher ihre wahre Bedeutung gar nicht erfassen können.

Ein anderer großer Taoist der Sung-Dynastie war Chang San Feng. Ihm wird die Entwicklung der als T'ai Chi Ch'uan bekannten Übungsmethode zugeschrieben. Es ist die höchste Verfeinerung der von Hwang-Ti praktizierten T'u Na- und Tao Yin-Techniken.

Die Schriften der Ming-Dynastie (14. bis 17. Jh.) beinhalten die *Acht Briefe über Langlebigkeit* des Kao Lien. Zusätzlich zu Informationen über die schon erwähnten Techniken beschreibt dies Buch Methoden, Blumen zu pflanzen und aufzuziehen, eine Tätigkeit, die gut für die Gesundheit ist, da dabei der Sauerstoffgehalt der eingeatmeten Luft zunimmt und sich auch Frieden des Geistes einstellt. Wenn dies zusammen mit den schon erwähnten taoistischen Techniken praktiziert wird, können sich bemerkenswerte Ergebnisse einstellen.

Der im Vorwort erwähnte Meister Li Ch'ing Yuen wurde zu Beginn der Ching-Dynastie geboren und war von Beruf Kräuterspezialist. Als er 1930 starb, war er 250 Jahre alt.

Medizinische Autoritäten im Westen neigen dazu, bei Anspruch auf so lange Lebensdauer wie im Falle Li Ch'ing Yuens skeptisch zu sein, obwohl beim letzteren alles dafür spricht. Es sollte jedoch daran erinnert werden, daß das Studium des Alterns und die Entwicklung lebensverlängernder Techniken in der westlichen Kultur recht neue Erscheinungen sind. Das Wissen um den Alterungsprozeß vom Standpunkt der modernen Medizin aus ist nicht sehr fortgeschritten, und seine technische Anwendung ist begrenzt. Das Beste ist vielleicht die Tatsache, daß viele der Krankheiten, für die ältere Leute anfällig sind, durch chemische und ärztliche Behandlung geheilt werden können.

Wenn man die grundlegenden Fragen in bezug auf die Ursachen des Alterns und den allgemeinen körperlichen Abbau, der damit einhergeht, betrachtet, kann man ohne Bedenken sagen, daß diese Prozesse auf molekularer Ebene noch keineswegs geklärt sind. Die damit zusammenhängenden chemischen Prozesse haben sich als sehr vielfältig erwiesen, und keine Technik oder Methode ist entdeckt worden, die den Abbau beim Altern verhindern oder verzögern könnte.

Die Chinesen hingegen besitzen eine alte Tradition, welche weit über die Begrenzungen der westlichen Forschung hinausgeht. Taoistische Gesundheits- und Langlebigkeitstechniken beeinflussen, wenn sie richtig durchgeführt werden, alle Aspekte des geistigen und körperlichen Lebens. Wenn sie über einen Zeitraum von mehreren Jahren zu einem regelmäßigen Teil des täglichen Lebens gemacht werden, kann der Abbau des

Körpers im Alter verhindert oder zumindest stark verlangsamt werden. Wesentlich für die chinesische Einstellung ist die Einsicht, daß ein gesundes, langes Leben nicht nur ein Problem für ältere Leute ist, sondern ebenso die jungen, ja sogar die Kinder betrifft.
Der beste Weg, erfolgreich zu sein, besteht darin, schon früh im Leben die geeigneten Übungen und Gewohnheiten einzuhalten.

Anmerkungen

1 *The Aging: Trends and Policies* (New York; United Nations, 1975)
2 Bericht aus der New York *Times*, 9. Sept. 1977, S. A4
3 Akira Ishihara und Howard S. Levy, Übs., *The Tao of Sex* (New York: Harper and Row, 1968)
4 Joseph Needham, *Science and Civilization in China,* Bd. II (Cambridge: The University Press, 1954), S. 143

2. KAPITEL

Gesundheit und langes Leben in der Weisheit des alten China

Die traditionelle chinesische Religion ist eine Mischung von Begriffen und Praktiken, die aus drei Hauptquellen stammen: Konfuzianismus, Taoismus und Buddhismus. Letzterer entstand in Indien, wurde zuerst um 305 v. Chr. von Missionaren in China eingeführt und gewann während der Han-Dynastie schließlich an Einfluß. Konfuzianismus und Taoismus ihrerseits entsprangen dem philosophischen Denken des alten China und beeinflußten sowohl das Denken als auch das tägliche Leben der Chinesen mehr als 2000 Jahre lang. In letzterer Zeit wurde ihr Einfluß auch außerhalb von China, ja, in der ganzen Welt spürbar.
Ihre klassischen Schriften wurden in so gut wie alle Sprachen übersetzt. Allein im Englischen gibt es mehr als 100 verschiedene Übersetzungen von Lao Tses *Tao Te King* (Buch vom Tao).
Um ein echtes Verständnis dieses Denkens zu erzielen, muß man erkennen, daß die Hauptlehren des Taoismus und Konfuzianismus von denen der großen westlichen Religionen völlig verschieden sind, ebenso die des Buddhismus. Zunächst einmal sind sie nicht hauptsächlich mit Gott beschäftigt. Obwohl der Begriff des Yin und Yang, der beiden grundlegenden kosmischen Kräfte, eine zentrale Rolle im Taoismus spielt, kann er nicht als theologischer Begriff im gewöhnlichen Sinn betrachtet werden.
Die Vorstellung von Gott als einem Geist, einem persönlichen Wesen, das fähig zu zweckdienlichen Taten ist, als dem Schöpfer der Welt, der in den Lauf der menschlichen Geschichte eingreift, kann im taoistischen oder konfuzianistischen Denken überhaupt nicht gefunden werden. Zweitens beschäftigt sich dies Denken nicht mit Reinkarnation oder mit den Aussichten eines Lebens nach dem Tod und besitzt nicht die Begriffe von Himmel und Hölle. Das bedeutet nicht, daß sie die geistige Seite des menschlichen Lebens verleugnen. Sie ist im Gegenteil, wie wir sehen werden, von großer Wichtigkeit im Taoismus. Es ist die Idee der körperlosen Geister, die keine Bedeutung hat*. Bezeichnend dafür ist, daß Taoismus und Konfuzianismus die Tendenz vieler Religionen, die letzten

* Obwohl Leben nach dem Tod und Geister gelegentlich bei den taoistischen Klassikern erwähnt werden, wie z. B. in der Geschichte im 18. Kapitel der *Sprüche des Dschuang Dse*, in der Chuang Chou einen menschlichen Schädel findet, und der Geist seines Besitzers ihm später in einem Traum erscheint und ihm über den Tod und das Leben nach dem Tod berichtet, so müssen solche Stellen doch eher als Metaphern angesehen werden.

Lösungen für die Probleme dieses Lebens in der Aussicht auf ein anderes Leben zu suchen, nicht teilen. Die Anwendung ihrer Weisheit ist in dieser Welt, in der konkreten Wirklichkeit des täglichen Lebens zu suchen, und ihre Hauptbeschäftigung ist es, mit den praktischen Problemen, auf die jeder im Laufe seines Lebens stößt, fertigzuwerden. Dazu gehört die Beschäftigung mit der Gesundheit und der langen Lebensdauer.

Es läßt sich daran zweifeln, ob die frühen Taoisten und Konfuzianisten ihre Lehren tatsächlich als religiös betrachteten. In beiden Fällen stellten diese Lehren einen vereinten Weg dar, sich verschiedenen wissenschaftlichen, philosophischen, politischen und ethischen Fragen zu nähern. Der Gedanke, daß sie die Basis einer Religion im Sinne einer Organisation religiöser Institutionen und Praktiken darstellen könnten, entwickelte sich erst etwas später in der chinesischen Geschichte (während der Han-Dynastie um 156 n. Chr.). Sowohl Taoismus wie auch Konfuzianismus waren im 6. Jh. v. Chr., gegen Ende der Chou-Dynastie, als zusammenhängende philosophische Systeme voll entwickelt. Für beide Systeme verkörperte sich diese Entwicklung im Leben und Werk eines einzigen großen Denkers: Im Fall des Taoismus war es Lao Tse, im Konfuzianismus Konfuzius. Diese beiden philosophischen Pioniere formulierten klar alle wichtigen Ideen der von ihnen begründeten Systeme. Ihre Schriften sind aphorismenhaft im Stil, jedoch sehr genau. Sie wären recht schwierig zu verstehen, hätte nicht jeder von ihnen in der Zeit der sich bekämpfenden Staaten (403–221 v. Chr.) einen ausgezeichneten Nachfolger gehabt, der sehr detaillierte Kommentare zu den ursprünglichen Ideen schrieb und sie somit erweiterte.

Dschuang Dse (geb. 370 v. Chr.) schuf höchst unterhaltsame und oft humorvolle Schriften in freier Umgangssprache, die den Taoismus in einer Art und Weise erklärten, die den Ideen Lao Tses voll gerecht wurde. Meng Tse, im Westen allgemein bekannt als Mencius, lebte von 374 bis 289 v. Chr. Er systematisierte die Lehren des Konfuzius und breitete sie in seinen großen Werken äußerst detailliert aus, was sie seitdem zu einer unausschöpfbaren Quelle für das genaue Studium des konfuzianischen Denkens gemacht hat.

In diesem Kapitel sollen die Hauptlehren des Taoismus und Konfuzianismus besprochen werden, und zwar insbesondere in ihrem Bezug auf die Probleme der Gesundheit und langen Lebensdauer.

Um die vorkommenden Ideen zu veranschaulichen, wird eine Reihe von Stellen aus den Schriften dieser alten Philosophen untersucht werden[1].

Taoismus

Der Beitrag des taoistischen Denkens zum Verständnis von Langlebigkeit und Gesundheit ergibt sich aus der direkten Anwendung seiner wesentlichsten Lehren. Es ist in der Tat ein Hauptthema des *Tao Te King*, des großen Klassikers Lao Tses.

Lao Tse verbrachte den Beginn seines Lebens zu einem guten Teil als Staatsbeamter. Er arbeitete als Verwalter der königlichen Bibliothek im Staate Chou. In dieser Stellung hatte er Gelegenheit, aufmerksam die alten Schriften, einschließlich vieler Bücher und Berichte, die seitdem verlorengegangen oder zerstört worden sind, zu studieren. Nach vielen Jahren hörte er damit auf und zog sich in die westlichen Berge zurück. Es ist nicht bekannt, wann er starb. Einer Legende nach ging er nach Indien und war mitbeteiligt am Ursprung des Buddhismus.[2] Einer anderen Legende entsprechend wurde er unsterblich und lebt noch heute allein in den hohen Bergen. Auf jeden Fall ließ er, bevor er wegging, ein kleines Werk zurück, in dem all das Wissen, welches er durch jahrelanges Studium erlangt hatte, zusammengestellt war und das alle wesentlichen Züge der taoistischen Philosophie beinhaltete. Diese Schrift wurde bekannt als das *Tao Te King*, vielleicht das schönste Buch, das je geschrieben wurde.

Verschiedene Kapitel des *Tao Te King* betreffen das Erlangen von Langlebigkeit durch den Prozeß der Verjüngung. Die entsprechenden Stellen sind interessant ebenso aufgrund ihrer Auffassung der Ziele als auch der Methoden dieses Prozesses. Folgende Stelle stammt aus dem 10. Kapitel:

> Wenn Geist und Körper wirklich integriert sind, können sie vor der Trennung bewahrt werden. Konzentriert man sich darauf, den Geist am Körper festzuhalten, und stellt man sich gleichzeitig auf den Atem (Vitalität) ein – wobei äußerste Geschmeidigkeit erreicht wird –, so kann man den Zustand eines Neugeborenen erlangen[3].

Um diese Stelle richtig zu verstehen, ist es hilfreich, noch einen Blick auf die folgende aus dem 55. Kapitel zu werfen:

> Derjenige, der das wahre Einssein (die Attribute des Tao) erreicht, ist wie ein neugeborenes Kind. Giftige Insekten werden ihn nicht stechen, Raubvögel ihn nicht angreifen. Die Knochen eines Babys scheinen schwach und seine Sehnen weich, dennoch ist sein Griff stark. Es weiß nichts über die Vereinigung von männlich und weiblich*, dennoch

* Unwissen um die Vereinigung von männlich und weiblich ist das Thema einer berühmten chinesischen Novelle: *»Der Traum des roten Zimmers«*, die während der Ch'ing-Dynastie geschrieben wurde. Nach dieser Geschichte fand eine junge Kammerzofe (deren Spitzname

richtet sich sein Penis vielleicht manchmal auf und zeigt so die Vollkommenheit seiner vitalen Essenz. Obwohl es den ganzen Tag lang schreit, wird es nie heiser und zeigt so seinen Zustand vollkommener Harmonie. Derjenige, der diese Harmonie versteht, weiß um das Geheimnis unveränderbarer Vitalität. Derjenige, der um das Unveränderbare weiß, ist erleuchtet.[4]

Nach diesen angeführten Stellen ist das Ziel des Verjüngungsprozesses die Erlangung einer vollkommenen Integration der körperlichen und geistigen Aspekte des menschlichen Lebens. Wenn jemand dies erreicht, wird sein Leben frei von Sorgen sein. Von diesem Ziel wird als von einem Zustand gesprochen, der dem eines neugeborenen Babys gleicht. Der Gedanke, der dahinter steckt, ist der, daß, wenn wir geboren werden, sich unser Körper und Geist von Natur aus in Harmonie befinden und wir vollkommen biegsam sind und allem gegenüber, was wir erfahren, geöffnet. Wenn wir jedoch heranwachsen, erfahren wir vielerlei Druck und Sorgen und werden, um damit zu Rande zu kommen, unnatürlich eingebildet und verlieren so unsere Flexibilität, werden steif und unnachgiebig.

Dies schafft eine Spannung zwischen unserem Körper und Geist, wir verlieren nach und nach unsere ursprüngliche Einheit, bauen ab und sterben schließlich. Der Verjüngungsprozeß ist ein Weg, die Harmonie wiederherzustellen und so den Abbau zu verhindern. Er arbeitet mit der Konzentration der Aufmerksamkeit auf den Atem und entfernt so den Geist von den Nöten und Sorgen des Lebens. Auch wird durch das Ausführen sanfter Übungen die geistige und körperliche Elastizität erhöht.

Andere Stellen im *Tao Te King* betonen die Wichtigkeit, den Geist friedvoll und frei von Druck und Zerstreuung des gesellschaftlichen Lebens zu halten, um die innere Harmonie wiederherzustellen.

Darum geht es in dem nun folgenden Auszug aus dem 20. Kapitel:

> Die meisten Menschen sehen befriedigt und erfreut aus, so als feierten sie ein großes Fest oder stiegen im Frühling auf die Berge. Ich allein scheine ruhig und teilnahmslos, ohne offenkundige Begierden. Die meisten Menschen scheinen viele davon zu haben, ich allein scheine keine zu haben... Die meisten Menschen scheinen intelligent und weise. Ich allein scheine dumpf und dumm. Die meisten Menschen scheinen nützlich zu sein... Ich allein scheine wertlos. Ich bin anders als die anderen Menschen, denn für mich zählt nur das Tao.[5]

Sa Ta Chieh »unschuldiges Mädchen« bedeutet) eine elegante verzierte Börse, auf die ein pornographisches Bild gestickt war. Sie war erstaunt über das, was sie gefunden hatte, und rief zu ihrer Herrin »Sehen Sie! Kämpfende Ungeheuer!«

Obwohl diese Stelle es so erscheinen lassen mag, bedeutet es nicht, daß man ein völlig von den anderen Menschen abgekapselter Einsiedler werden muß, um die Verjüngung zu erreichen. Was hier gesagt wird, ist, daß, obwohl es anziehend erscheinen mag, mit der Gesellschaft Schritt zu halten, ein größerer, länger andauernder Wert darin besteht, anders zu sein und sich auf die innere Harmonie zu konzentrieren. Viele ältere Menschen sind jetzt unglücklich, weil das Alter sie dazu zwingt, sich von Aktivitäten, die sie als wichtig betrachteten, zurückzuziehen und viel Zeit alleine zu verbringen. Sie sollten einen großen Trost darin finden, selbst Lao Tses Einsicht zu entdecken, daß es nicht unbedingt ein Unglück ist, außerhalb der Dinge zu stehen, sondern in einem sehr tiefen Sinn ein Vorteil. Ein anderer Punkt, der in der oben zitierten Stelle erwähnt wird, ist die Freiheit von Begierden. Darüber wird auch noch an anderer Stelle, wie z. B. hier im 46. Kapitel, gesprochen:

> Es gibt keinen größeren Fehler, als ehrgeizig zu sein, kein größeres Unglück als Unzufriedenheit, keinen größeren Irrtum als die Sehnsucht nach Reichtum. Deshalb ist wahre Zufriedenheit ein andauerndes und unveränderliches Glück.[6]

Wer immer fähig ist, frei von Ehrgeiz und Wünschen zu sein, kann der Spannung entfliehen, die aus dem ständigen Bemühen entsteht, seine Wünsche zu befriedigen. Er hat es nicht nötig, auf seinem Standpunkt zu beharren. Er ist nie enttäuscht. Er ist weich und nachgiebig und kann leicht jede Situation, die kommt, akzeptieren. Die Verwirklichung dieser Einsicht in unserem täglichen Leben hängt mit dem Geheimnis des langen Lebens zusammen, denn, wie Lao Tse im 76. Kapitel schreibt:

> Wenn ein Mensch lebendig ist, ist sein Körper weich und dehnbar. Wenn er tot ist, ist er hart und steif. So ist es mit allen Dingen. Bäume und Pflanzen sind weich und biegsam, wenn sie wachsen. Wenn sie sterben, sind sie trocken und brüchig. So ist es der Weg des Todes, hart und streng zu sein, weich und nachgiebig zu sein ist der Weg des Lebens[7].

Nach Lao Tse ist die wichtigste Erscheinung in der Geschichte des Taoismus Dschuang Dse. Seine Schriften folgen ganz nah den Gedanken Lao Tses, gehen aber viel mehr ins Detail und enthalten viele Geschichten und Parabeln, wie auch Berichte von Gesprächen. Wegen ihres klaren Stils haben sie neben der Tatsache, eine Informationsquelle über taoistische Philosophie zu sein, großen literarischen Wert.

Gesundheit und Langlebigkeit sind ein Hauptthema dieser Schriften, und entsprechende Stellen können in fast jedem Kapitel gefunden werden. Selbst die Titel von vielen der 33 Kapitel spiegeln die Beschäftigung mit diesen Themen wider, so z.B. das 1. Kapitel: »Freude in ungestörter Freiheit«, 3. Kapitel: »Bewahrung des Lebens hat Vorrang« und 19. Kapitel: »Volles Verstehen des Lebens«. Dschuang Dse lebte in einer Zeit großer politischer Unruhe und schneller Entwicklung in China. Die Strukturen der Feudalgesellschaft, die während der Zeit Lao Tses noch bestimmend waren, brachen zusammen, als die Herzöge, die die größeren Feudalstaaten regierten, die kleineren zu erobern und zu annektieren begannen. Die erobernden Herzöge wurden zu Königen, die ständig nach weiterer Expansion ihrer Gebiete suchten. Zur Zeit Dschuang Dses blieben von mehr als 100 Herzogtümern sieben große Staaten, die ständig untereinander in Krieg standen. So wurde diese Epoche der chinesischen Geschichte bekannt als die Zeit der kämpfenden Staaten. Sie dauerte bis 221 v. Chr., als der König von Chin die anderen Staaten eroberte und Kaiser wurde.

Als Ergebnis des intensiven Wettbewerbs unter den Staaten entwickelte sich die Kultur schneller als in irgendeiner früheren Zeit. Gelehrte waren sehr gefragt, da der König hoffte, seine Rivalen mit Hilfe von Weisheit und des strategischen Rats ausgezeichneter Berater zu besiegen.

Dschuang Dse selbst wurde die Stellung eines Premierministers im Staate Ch'u angeboten, aber er weigerte sich, sie anzunehmen. Der Bericht über das Angebot und seine Weigerung befindet sich im 17. Kapitel seiner Schriften und nennt sich »Die Fluten des Herbstes«. Die Stelle ist interessant in bezug auf die taoistische Haltung gegenüber Stellungen von hohem Rang und Verantwortung in der Gesellschaft.

Die königlichen Beamten kamen mit dem Angebot des Königs zu Dschuang Dse, als dieser im Flusse Pu fischte. Als er das Angebot vernahm, verglich er sich mit einer Schildkröte und sagte, daß er seinen Schwanz lieber weiter durch den Schlamm ziehen würde, als zu sterben und seinen Panzer an einem Ehrenplatz in des Königs Ahnentempel hängen zu sehen[8].

Hohe Stellungen bringen eine große Last von Problemen und Sorgen mit sich. Diejenigen, die sie einnehmen, leiden unvermeidlich an Streß und verlieren die Freiheit, zur Einheit mit der Natur zu gelangen. Auf diese Weise belastet, sterben sie wahrscheinlich vorzeitig und sind nicht dazu in der Lage, die Ehrungen, die ihnen nach ihrem Tod verliehen werden, zu genießen.

Um gesund zu bleiben und lange zu leben ist es besser, solche Stellungen aufzugeben und »seinen Schwanz durch den Schlamm zu ziehen« – das bedeutet, ein völlig freies Leben ohne öffentliche Bedeutung noch sorgenbringende Verantwortungen zu führen. Diese Weisheit läßt sich direkt auf das Leben vieler älterer Leute anwenden, denn sie zeigt, wie man den Ruhestand nicht als einen Verlust, sondern einen großen Gewinn betrachten kann.

Dschuang Dses Gleichgültigkeit gegenüber Macht und Ruhm ist typisch für seine Haltung insgesamt, was Werte anbetrifft, um die sich die anderen Menschen bemühen. Im 18. Kapitel seiner Schriften: »Vollkommene Glückseligkeit«, geht die Diskussion darum, ob so etwas wie vollkommenes Glück überhaupt existiert. Er stellt fest, daß die Menschen im allgemeinen annehmen, daß es in der Erfüllung ihrer Wünsche und im Vermeiden von Schmerz besteht.
So arbeiten sie fleißig auf Dinge hin wie Reichtum, Kenntnisse, Ehren, Langlebigkeit, Sicherheit, viel gutes Essen, schöne Kleidung, schöne Dinge zum Ansehen und angenehme Musik. Leider scheint jedoch bei diesen Bestrebungen Enttäuschung unvermeidlich. Selbst wenn manche Wünsche erfüllt werden, bleiben andere doch unerfüllt und werden zu einer Quelle von Sorgen und Verwirrung. Dschuang Dse drückt seinen Standpunkt folgendermaßen aus:

> Wenn ich mir ansehe, was die Menschen heute im allgemeinen tun und was ihnen Freude macht, bin ich nicht sicher, ob diese Freude wirklich Freude ist oder nicht. Ich sehe, wie sie all ihre Ziele automatisch verfolgen, als ob sie keine andere Wahl hätten. Was sie als Freude betrachten, wäre für mich keine, ich behaupte aber dennoch nicht, daß gar keine Freude darin ist. Gibt es so etwas wie wahre Freude oder nicht? Mir scheint das Nichtstun (vollkommene Freiheit) die wahre Freude zu sein, aber gewöhnlich betrachten es die Menschen als Zeitverschwendung. So heißt es: »Vollkommene Freude verschwendet keinen Gedanken an die Freude, das höchste Lob keinen an das Lob.«[9]

Aus diesem Abschnitt läßt sich erkennen, daß Dschuang Dse wie auch Lao Tse Abstand nimmt von all den im allgemeinen hochgeschätzten Werten und statt dessen sich lieber um Freiheit und geistigen Frieden bemüht. Ein anderer wichtiger Aspekt seiner Philosophie offenbart sich uns hier ebenfalls. Es ist der Gedanke, daß vieles, was in der Welt als absolut wahr und unumgänglich erscheint, in Wirklichkeit relativ, zeitgebunden und dem Wandel unterworfen ist. Aufgrund dieser Einsicht betrachtet es Dschuang Dse im allgemeinen als sinnlos, Fragen über Gut und Böse zu erörtern oder darüber zu diskutieren, was nützlich oder schädlich sei. Die Antworten auf diese Fragen können nur in bezug auf sich wandelnde Situationen und Meinungen gegeben werden, sind also völlig relativ. Ein wirklich weiser Mensch ist infolgedessen an solchen Unterscheidungen nicht interessiert. Unerwartete Veränderungen können ihn nicht bekümmern, er akzeptiert ohne Traurigkeit oder Enttäuschung, was immer geschieht. Dschuang Dse erzählt mehrere Geschichten, die die Vorteile dieser Philosophie veranschaulichen, z. B. wie es ihm möglich war, den Tod seiner Frau mit Gleichmut und ohne Trauer zu akzeptieren und wie sie Herrn »Deformiert« und Herrn »Geistesschwach« befähigte, sich nicht zu sehr über ihre Tumore zu bekümmern.[10] Eine andere Parabel zeigt, daß durch die Anwendung dieser Haltung selbst die Angst vor dem Tod überwunden werden kann.

> Wie weiß ich, daß Liebe zum Leben nicht eine Täuschung ist? Wie weiß ich, daß die Abneigung vor dem Tod nicht ist, wie wenn ein Kind sich verirrt und nicht wahrnimmt, daß es in Wirklichkeit nach Hause zurückkehrt?
> Li Chi war die Tochter des Herrschers von Ai. Als der Herrscher von Ch'in sie anfangs gefangennahm, weinte sie, bis ihr Kleid von Tränen durchnäßt war. Als sie aber im Palast ankam, mit dem König schlief und das Fleisch seiner mit Gras und Körnern gefütterten Tiere aß, bedauerte sie, daß sie geweint hatte. Wie weiß ich, ob die Toten nicht ebenso ihre frühere Gier nach dem Leben bereuen?[11]

Etwas Ähnliches geht aus einer Geschichte hervor, die gegen Anfang dieses Kapitels erwähnt ist, in der ein von Dschuang Dse gefundener Totenkopf ihm später um Mitternacht erscheint und ihm anbietet, über den Tod zu reden:

> Im Tod gibt es keine Unterscheidungen zwischen Diener und Herrn. Es gibt keine Erscheinungen wie die wechselnden Jahreszeiten. Wir verbringen unsere Zeit in Freiheit und Ruhe ... kein König an diesem Hof hat größere Freuden als die Toten.[12]

Was diese Geschichten ausdrücken wollen, ist, daß man sich keinen Himmel nach diesem Leben versprechen soll. Die Worte des Totenkopfs sollten, statt als wörtliche Voraussage einer Art von Leben nach dem Tod, eher als Beschreibung der taoistischen Vorstellung von Utopia betrachtet werden, wobei die Rahmenerzählung – Finden des Schädels und darauffolgender Traum – als literarische Erfindung verstanden werden sollte. Die Absicht der Geschichte, wie auch die der vorigen, besteht darin, hervorzuheben, wie sehr die Sicht des Todes vom Standpunkt der Lebenden aus von Raum und Zeit begrenzt ist. Alles, was wir wirklich darüber wissen, ist, daß es sich um einen natürlichen Prozeß handelt, um eine Art von Verwandlung.
Statt dem Tod mit Besorgnis, Angst oder bestimmten Erwartungen entgegenzugehen, akzeptiert ihn der wirklich weise Mensch einfach, als was immer er sich erweist. So erlangt er geistigen Frieden und Ruhe und kommt in den Genuß eines gesunden hohen Alters.
Das Phänomen des Träumens war für Dschuang Dse von großer Bedeu-

tung, es war ihm mehr als nur ein Ausgangspunkt zum Geschichtenerzählen. In einem sehr tief durchdachten Abschnitt, der gleich auf die Geschichte von Li Chi im 2. Kapitel folgt, erklärt er, wie sehr man durch die Träume zu einer Einsicht über den Unterschied zwischen Erscheinung und Wirklichkeit gelangen kann.

> Diejenigen, die davon träumen, Wein zu trinken, weinen vielleicht am nächsten Morgen. Diejenigen, die vom Weinen träumen, freuen sich am nächsten Morgen vielleicht bei der Jagd. Während ihrer Träume wissen sie nicht, daß sie träumen, erst nachdem sie aufgewacht sind, verstehen sie, daß sie geträumt haben. Einmal wird es ein großes Erwachen geben, und wir werden verstehen, daß dies Leben nur ein großer Traum ist. Inzwischen denken die Dummen, daß sie schon erwacht sind. Auf ihrem begrenzten Wissen bestehend, denken sie, sie wissen den Unterschied zwischen Herrschern und Herdenmenschen. Welch Vorurteil! Konfuzius und du, ihr träumt beide, und daß ich euch sage, daß ihr träumt, ist auch nur ein Traum[13].

Es geht hier darum, daß, wenn wir einmal erkannt haben, daß ein Traum so lebhaft sein kann, daß der Träumende seinen Traumzustand gar nicht bemerkt, wir die Möglichkeit in Erwägung ziehen müssen, daß unsere gesamte Erfahrung, alles inbegriffen, was wir als wahr und wirklich betrachten, nichts als eine Erfindung unserer träumenden Phantasie ist. Es gibt nichts in unserer Erfahrung, das uns, während wir es erleben, garantiert, daß es sich eher um eine Erfahrung des Wachbewußtseins als um einen Traum handelt. Diese Einsicht greift tief in das allgemeine Verständnis von Wirklichkeit ein, denn alle Arten von Ansichten und Annahmen über die Welt werden damit im Grunde genommen in Zweifel gezogen.

Zwei Jahrtausende nach Dschuang Dse wurde diese Einsicht von dem französischen Philosophen Descartes wiederentdeckt und neu formuliert.[14] Er übte mit seinen Schriften einen tiefen Einfluß auf die moderne westliche Philosophie aus. Für Descartes war die obige Einsicht Quelle von Kummer und Verwirrung, denn es bedeutete ja, daß er, um der Wahrheit gerecht zu werden, seinen Wahrnehmungen nicht folgen konnte.

Obwohl er zu einem ähnlichen Schluß kam, nahm Dschuang Dse jedoch die entgegengesetzte Haltung ein. Seiner Ansicht nach ist die wahre Quelle von Kummer und Verwirrung diese scheinbar reale Welt mit all ihrem Druck und ihren Hindernissen. Der wahrhaft Weise nimmt all dies nicht zu ernst, denn er weiß, daß es sich sehr wohl um eine Illusion handeln könnte. So ist er frei, Harmonie mit der Natur zu erlangen, wie immer sie beschaffen sein mag. Er muß sich nicht darum kümmern, wahres Wissen über den Zustand der Welt zu erlangen. Immer wieder betont Dschuang Dse in seinen Schriften die Wichtigkeit einer friedlichen Haltung dem Leben gegenüber: Selbst bei dem Bestreben nach Gesundheit und langem Leben durch die Anwendung taoistischer Übungen und anderer Techniken, wie die in diesem Buch beschriebenen, ist ein ruhiger Geist wichtiger als die Übungen selbst. Wenn sie ungeduldig ausgeführt werden, oder wenn wir ängstlich auf schnelle Ergebnisse bedacht sind, werden die Übungen ihre wohltuende Wirkung verlieren. Dschuang Dse erklärt es folgendermaßen im 15. Kapitel:

> Wenn jemand an einem guten Charakter interessiert ist, ohne den Geist zu quälen, an Selbstverbesserung ohne Besonderheiten und Selbstgerechtigkeit, an erfolgreichem Dienst für die Regierung ohne spektakuläre Taten und Berühmtheit, am Genießen der Muße, ohne an einem Strand oder Flußufer Zuflucht zu suchen, an Langlebigkeit ohne Atem- und Streckübungen, dann vergißt man alle Dinge und besitzt doch alle. Wenn man vollkommen frei geworden ist, kommen alle schönen Dinge von alleine.
> Solche Menschen folgen dem Weg der Natur und entfalten wahre Weisheit. So heißt es: »Ruhe, Gleichmut, Stille, Frieden, Leere und Nichthandeln: das sind die Attribute, aus denen sich die Festigkeit der Natur und die Essenz des Tao zusammensetzt.«[15]

Um diese Stelle richtig zu verstehen, müssen wir bei ihrer Interpretation vorsichtig sein. Auf den ersten Blick scheint da zu stehen, daß Atem- und Bewegungsübungen, wie sie in diesem Buch beschrieben werden, nicht notwendig sind für eine gute Gesundheit, daß es reicht, eine gewisse geistige Haltung dem Leben gegenüber einzunehmen. In einer bestimmten Weise ist das richtig.
Aus dem Zusammenhang des Textes geht jedoch hervor, daß eine solche Haltung nur für das höchste Stadium taoistischer Praxis, bei dem die Übungen ein unnötiges Hindernis werden, gilt. In den frühen Stadien – und am Anfang ganz gewiß – ist es wesentlich, ein entsprechendes Gleichgewicht zu haben, welches die regelmäßige Ausführung von Übungen und die Verwirklichung einer sorgenfreien Haltung durch innere Einsicht miteinbezieht. Es ist nützlich, an die Warnung C.G. Jungs zu denken, der, nachdem er viele Jahre die taoistischen Klassiker studiert hatte, feststellte, daß sie ein »Gift für den westlichen Geist« wären, da die westliche Tendenz, lediglich die Worte zu studieren anstatt tatsächlich ihren Inhalt zu durchleben, aus den taoistischen Lehren eine gefährliche Ideologie machen würde.[16]
Ein Beispiel, das die Unzulänglichkeit einer hauptsächlich intellektuellen Antwort auf den Taoismus zeigt, findet sich im Leben eines bekannten amerikanischen Akademikers, der auf östliche Philosophie spezialisiert war. Obwohl er ein Spezialist taoistischer Philosophie war, berühmt für

seine diesbezüglichen Vorträge und Schriften, mit einer Geschicklichkeit in der chinesischen Sprache und Kalligraphie, die die vieler Chinesen übertraf, wandte er die taoistischen Gesundheitsmethoden in der Praxis nicht an und starb im Alter von 55 Jahren an Herzinfarkt.
Man kann die Gefahren einer übermäßig intellektuellen Annäherung jedoch vermeiden und in den vollen Genuß taoistischer Weisheit kommen, wenn man sie weder als reine Ideologie noch als reine Technik betrachtet, sondern als einen genau ausgewogenen Weg, ein ganzheitliches Leben zu führen. Der Begriff »Ausgewogenheit« ist somit entscheidend für die erfolgreiche Anwendung der verschiedenen theoretischen Aspekte. »Gleichgewicht« ist auch ein wichtiger Begriff in der altchinesischen Philosophie, besonders in den Schriften der konfuzianistischen Schule, wie wir im nächsten Abschnitt sehen werden.

Konfuzianismus

Der Einfluß von Konfuzius auf die chinesische Kultur kann kaum überbewertet werden. Er kam zu einigem Ansehen als Politiker, und sein Verdienst als Gelehrter besteht in der Herausgabe der alten Klassiker. Seine größte Bedeutung jedoch erlangte er durch seine Lehren. Die Philosophie des Konfuzianismus, die eigentlich auf alle Bereiche der chinesischen Gesellschaft Einfluß ausübte, entstand aus den Bemühungen vieler Generationen von Schülern, die für eine weitere Verbreitung und Entwicklung der Lehren des Meisters arbeiteten. Es ist manchmal schwierig für den westlichen Menschen, die ganze Bedeutung des Konfuzianismus in China zu erfassen, besonders wenn sie über chinesische Herrscher hören oder lesen, die seine grundlegenden Ideen kritisieren. In letzterer Zeit haben die Kommunisten Konfuzius als einen Aristokraten angegriffen, dessen Lehren die Interessen der mächtigen Feudalbürokraten unterstützten, und sie nannten den Konfuzianismus »Gift für den Geist des Volkes« und ein großes Hindernis für den Fortschritt der Gesellschaft. Solche Beschuldigungen wurden in China von revolutionären Gruppen, die die etablierte Regierung umstürzen wollten, viele Male zuvor schon vernommen, sogar im Altertum. Um diese Kritik jedoch aus ihrer eigenen Perspektive zu betrachten, muß man wissen, daß sie die politischen Verwicklungen des konfuzianistischen Denkens betreffen, daß aber viele andere Aspekte des Konfuzianismus davon unberührt sind und im Leben der Chinesen bleibenden Wert besitzen. Darunter sind die Lehren, die die Gesundheit betreffen, besonders die, die sich auf die Begriffe *chung* (Gleichgewicht) und *yung* (Dauer ohne Wechsel) beziehen.
Kung Fu Tse (Konfuzius) lebte 73 Jahre, von 552 bis 479 v. Chr., und war somit Zeitgenosse von Lao Tse. Er stammte aus einer alten Familie mit

langer Tradition im Beamtendienst. Sein Vater war Staatsminister im Tso-Distrikt. In seinen jungen Jahren arbeitete Konfuzius als offizieller Abgeordneter im Staate Lu und diente eine kurze Zeit als Premierminister. Er wurde jedoch bald der politischen Macht enthoben und verbrachte daraufhin mehrere Jahre mit Reisen durch China, immer noch auf der Suche nach einer einflußreichen Stellung, wobei er oft Hunger und andere Härten über sich ergehen lassen mußte. Später kehrte er in seine Heimatstadt Lu zurück, konzentrierte sich aufs Lehren und Gelehrtentum und errang Achtung und Berühmtheit. Seine Schüler wurden zu hohen Würdenträgern in ganz China, und seine Schule wurde schließlich so bedeutend, daß das Studium dort für wichtige Stellen in der Regierung zu einer notwendigen Vorbedingung wurde.

In seiner Lehre betonte Konfuzius die körperlichen und sozialen Aspekte des Lebens. Religiöse oder metaphysische Spekulationen lagen ihm nicht. Seine typische Haltung diesen Themen gegenüber wird dargestellt in dem folgenden Abschnitt aus den *Analekten*, ein Buch, das hauptsächlich seine Dialoge mit seinen Schülern enthält.

> Einer seiner Schüler, Chi Lu, fragte einmal, wie man Gott und den Geistern der Toten dienen solle. Der Meister antwortete: »Wenn du nicht einmal Menschen dienen kannst, wie willst du dann diesen Dingen dienen?« Chi Lu ließ nicht locker: »Aber ich möchte etwas über den Tod erfahren.« Er bekam zur Antwort: »Wenn du nicht einmal das Leben verstehst, wie willst du da den Tod verstehen?«[17]

Die Haltung des Konfuzius diesen Dingen gegenüber wurde durch Jahrhunderte von seinen Nachfolgern aufrechterhalten. Chu Hsi, ein großer Neo-Konfuzianer der Sung-Dynastie (12. Jh. n. Chr.), sagte etwas besonders Bemerkenswertes darüber:

> Jemand fragte, ob zum Zeitpunkt des Todes das Bewußtsein des Menschen zerstört und aufgelöst sei. Der Philosoph antwortete, daß es nicht nur aufgelöst sei, sondern nicht mehr existiere. Das *chi* (seines Körpers) kommt zu einem Ende und so auch sein Bewußtsein.[18]

Die Lehren des Konfuzius in bezug auf Gesundheit bestehen hauptsächlich aus praktischen Ratschlägen für das Alltagsleben. Diese teilte er seinen Schülern sowohl durch sein eigenes Beispiel als auch durch Worte mit. Die *Analekten* enthalten Beschreibungen seiner regelmäßigen Gewohnheiten in bezug auf Nahrung, Kleidung, Schlaf etc. In Buch 10 im 8. Kapitel[19] werden verschiedene Diätvorschriften erwähnt. Er aß z.B. keinen Reis, Fleisch oder Fisch, der gebleicht, verdorben, schlecht gekocht oder nicht aus der jeweiligen Jahreszeit war. Er aß Fleisch nur, wenn es mit einer bestimmten Sauce serviert wurde, und auch nicht zuviel davon, um das richtige Gleichgewicht zwischen Reis und Fleisch zu halten. Er trank Wein, aber nie so viel, daß er betrunken wurde. Gekochtes Fleisch und Wein, die auf dem Markt gekauft wurden, vermied er, er bereitete dies lieber zu Hause. Oft benutzte er zum Würzen seiner Speisen Ingwer. Er aß nicht zu viel oder zu schnell und sprach nicht beim Essen.

Im 6. Kapitel desselben Buches[20] werden seine Kleidungsgewohnheiten beschrieben. Er zog sich im allgemeinen bequem an und mied grelle, prunkvolle Farben. Für gesellschaftliche Ereignisse, wie Auftritte bei Hofe oder Kondolenzbesuche, achtete er darauf, gebührend und im Einklang mit der Sitte gekleidet zu sein. Seine Schlafgewohnheiten werden an verschiedenen Stellen beschrieben[21]. Es wird z. B. berichtet, daß er nicht wie eine Leiche ausgestreckt auf dem Rücken schlief, sondern zusammengerollt mit seinem gebeugten Arm als Kissen.

Die konfuzianistische Philosophie beschäftigt sich jedoch fast ausschließlich mit ihrer Anwendung auf menschliche Angelegenheiten. Das 1. Kapitel beschreibt, wie sie zum Geist steht:

> Wenn keinerlei Bewegung von Vergnügen, Ärger, Sorgen oder Freude besteht, dann kann man sagen, daß sich der Geist in einem Zustand des Gleichgewichts befindet... Dies Gleichgewicht ist die große Wurzel, aus der alle menschlichen Taten in der Welt emporwachsen.[22]

Diese Stelle ist interessant, weil sie gewissen taoistischen Aussprüchen gleicht, die den Frieden des Geistes und das Vermeiden starker Emotionen betonen. Sie zeigt, daß, obwohl Taoismus und Konfuzianismus im allgemeinen in früheren Zeiten ziemlich entgegengesetzte philosophische Standpunkte einnahmen, einige der grundlegenden Konzepte, von denen sie ausgingen, gleich sind. Dies hilft zu erklären, wie es in China später der religiösen Erfahrung möglich wurde, die Aspekte beider zu vereinigen.

Die praktischen Ratschläge des Konfuzius zeugen von einer Gesamtschau des Lebens und können auf vielerlei Weisen angewandt werden. Die Schriften des Konfuzius selbst erklären die Theorie, die sich hinter seinem Standpunkt verbirgt, nicht, aber die theoretischen Abhandlungen einiger seiner Schüler und Nachfolger tun es. Eine wichtige frühe theoretische Schrift ist *Der Weg der Mitte* von Tsze-sze, einem Enkel des Konfuzius. Sie führt zwei Begriffe ein, die als Basis für viele der praktischen Regeln des Konfuzianismus betrachtet werden können. Es sind die Begriffe *chung* und *yung*. *Chung* wird bezeichnet als »Gleichgewicht« oder »ohne Neigung nach irgendeiner Seite hin«. Im ersten Kapitel von *Der Weg der Mitte* heißt es, daß es »der richtige Verlauf ist, von allem unter dem

Himmel verfolgt zu sein«[23]. Dies bezieht sich sowohl auf die Natur als auch auf die menschlichen Tätigkeiten.
Einige der zuvor erwähnten Gesundheitspraktiken des Konfuzius können als einfache Anwendungen des *chung*-Prinzips verstanden werden. So hielt er sich z.B. nicht von dem Vergnügen des Essens – einschließlich Gewürzen – und Trinkens – einschließlich Wein – zurück, aber genoß sie in Maßen. Er zog sich bequem an, aber nicht so, daß er ungewöhnlich oder respektlos anderen gegenüber erschien. Im allgemeinen bemühte er sich darum, ein Gleichgewicht zwischen den Extremen zu schaffen und Exzesse zu vermeiden.
Der Begriff *yung* wird verständlich in Beziehung zu *chung*. Wörtlich bedeutet *yung* »Beharrlichkeit, Fortdauer ohne Veränderung«. In der konfuzianistischen Theorie bezieht es sich auf Ausdauer auf den Wegen der Tugend. Dieser Gedanke findet sich auch im 1. Kapitel von *Der Weg der Mitte*[24].

> Der Pfad darf keinen Augenblick verlassen werden. Wenn er verlassen werden könnte, wäre es nicht der Pfad: Deshalb wartet ein hochstehender Mensch nicht, bis er die Dinge sieht, um vorsichtig zu werden, noch bis er sie hört, um sich Gedanken zu machen.

Zu den Tugenden, die dies Prinzip betrifft, gehören die, welche sich auf die Gesundheit beziehen. Um durch die in diesem Buch beschriebenen Methoden Gesundheit und langes Leben zu erreichen, ist es in der Tat wichtig, obiges Prinzip der Ausdauer anzuwenden.
Es ist jedoch so, daß gute Gesundheitstechniken, selbst wenn sie Körperübungen, Meditation und Diät mitbeinhalten, ihre positiven Wirkungen nicht von heute auf morgen oder nach kurzer Zeit intensiver Bemühungen erkennen lassen. Sie funktionieren nur, wenn sie zur regelmäßigen Lebensgewohnheit geworden sind. Die Bildung solcher Gewohnheiten wird von *yung* bewirkt.
Die volle Blüte der konfuzianistischen Philosophie findet sich in den Schriften des Meng Tse (Mencius), einem konfuzianistischen Weisen. Wie sein taoistischer Gegenpart Dschuang Dse, lebte er in der Zeit der sich bekämpfenden Staaten. Als junger Mann war er ein Schüler Tsze-szes gewesen und kam in tiefe Berührung mit den Lehren des Konfuzius. Tsze-sze vertraute Mencius schließlich seine eigenen Schriften an, einschließlich *Der Weg der Mitte*. Viele Jahre lebte Mencius im Staate Ch'i, und obwohl er nicht von aristokratischer Herkunft war, hatte er die Stellung eines Ch'ing inne, eines Ehrenberaters des Königs im Range eines Herzogs. Der Staat Ch'i war der reichste und zivilisierteste Staat in China, ein Lernzentrum für alles, und so wurde Mencius neben den Ideen des Konfuzius noch von vielen anderen Schulen beeinflußt. Seine Schriften

stellen aufgrund dessen eine bedeutende Ausweitung und Weiterentwicklung des konfuzianistischen Denkens dar.
Die bemerkenswerte Geschichte von Ch'i als Kulturzentrum des alten China begann in vorkonfuzianistischen Zeiten. 685 v. Chr. wurde ein großer Staatsmann, Philosoph und Beeinflusser des taoistischen Denkens, Kuan Chung, Premierminister. Er sah, daß die Lage von Ch'i am Seeufer günstig war für den Erfolg der Schiffahrt und kommerzieller Unternehmen, wie auch für die Produktion von Salz.
So wurde in seiner Politik wirtschaftliche Entwicklung betont, einschließlich der Produktion von Salz und Eisen. Zur Zeit seines Todes, 645 v. Chr., war Ch'i auf dem Weg, der wohlhabendste Staat Chinas zu werden. Zum Glück für die Regierenden und reichen Kaufleute besaß es noch einen anderen Vorteil bei dem manchmal fast kriegsähnlichen Wettbewerb mit seinen Nachbarn. Es war allen anderen Staaten in seiner Entwicklung und seinem Gebrauch militärischer Strategie überlegen. Unter seinen Generälen befand sich der große Sun Wu Tse, dessen theoretische Schrift, das *Sun Tse*, noch heute als das wichtigste Buch, das je über militärische Strategie geschrieben worden ist, angesehen wird und in viele Sprachen übersetzt worden ist. Später, zur Zeit der kämpfenden Staaten, kamen Menschen aus allen Teilen Chinas nach Ch'i, um Militärwissenschaft zu studieren. Die Schule Wang Shus, des mysteriösen Weisen, der das *Kuei Ku Tse* (Buch des Meisters vom Teufelstal) verfaßt hatte, unterrichtete die Schüler nicht nur in Militärmethodik, sondern auch in politischen Wissenschaften und Philosophie, Meditation und Gesundheits- und Langlebigkeitstechniken. Verschiedene Schüler Wang Shus wurden später berühmte Generäle und politische Strategen. Unter ihnen befanden sich auch die beiden Führer, die die wichtigsten Bündnisse unter den Staaten zuwege brachten, was dann schließlich zu dem Ausbruch führte, der die Zeit der kämpfenden Staaten einleitete.
Neben Ch'i war der mächtigste Staat Ch'in, welcher ein großes Territorium im Westen einnahm. Er war von den anderen sechs Staaten durch das Han Ku Kwan-Gebirge getrennt. Diese sechs Staaten, einschließlich Ch'i, erstreckten sich entlang dem Meer im Osten von Norden nach Süden. Su Ch'in, der Premierminister von Ch'i, ein Schüler Wang Shus, überzeugte die sechs östlichen Staaten, ein Bündnis zu schließen, um zusammenzuarbeiten und sich gegen Ch'in zu schützen. Dies wurde die senkrechte Allianz genannt, und Su Ch'in war ihr Führer.
Später jedoch überredete ein anderer Schüler Wang Shus, Chang Yi, der Premierminister von Ch'in war, einige der Staaten, die senkrechte Allianz zu verlassen und eine neue Allianz mit Ch'in zu bilden. Dies war die waagerechte Allianz. Sie gehörte mit zu den Faktoren, die zum letztendlichen Sieg von Ch'in über Ch'i und zu dem Beginn des Ch'in-Reiches 221 v. Chr. führten.

Aber Ch'i war nicht nur ein Zentrum für militärische und politische Strategie, sondern es gab dort noch viele andere Arten von Ideen und Lehren. Der große Naturforscher und Begründer der Yin Yang-Schule, Tsou Yen, lebte und lehrte ebenfalls dort. Schließlich gründete der Staat eine Akademie für fortgeschrittene Studien und Forschung, die Ch'i Shia, die Schüler vieler verschiedener Schulen aus jedem Staat Chinas anzog[25]. So hatte Meng Tse während seiner Jahre als geachteter Berater des Königs von Ch'i viel Gelegenheit, mit Menschen, deren Ideen recht verschieden von denen des Konfuzius waren, zu diskutieren und von ihnen beeinflußt zu werden. Infolgedessen findet man in seinen Schriften, obwohl er an den konfuzianistischen Prinzipien festhielt, nicht nur eine Ausarbeitung und genauere Beschreibung der einfachen Lehren des Meisters, sondern eine echte Erweiterung der konfuzianistischen Philosophie. Besonders wichtig ist, daß er weiter ging als Konfuzius, indem er sich nicht nur mit den physischen und sozialen Aspekten des Lebens befaßte, sondern auch mit den spirituellen.
Eine Stelle, die diese Beschäftigung mit dem Geistigen veranschaulicht, ist die folgende aus Buch VII aus *Die Werke des Mencius*:

> Seinen Geist zu erhalten und zu ernähren ist der Weg, der Natur (dem Himmel) zu dienen. Wenn ein Mensch einsieht, daß es keinen wahren Unterschied zwischen einer kurzen Lebenszeit und einer langen gibt, und sich nicht sorgt, sondern wartet, indem er, was immer auch geschieht, seinen eigenen Charakter pflegt, so ist dies der Weg, seinem vom Schicksal (Himmel) festgelegten Wesen zu entsprechen.[26]

Diese Stelle ist interessant, weil sie zeigt, wie eng Mencius einerseits der konfuzianistischen Tradition folgt, wie sehr er aber auch von anderen, insbesondere taoistischen Ideen beeinflußt ist. Auf der einen Seite verläßt er sich beim Sprechen über die Pflege des eigenen Charakters auf die traditionelle Lehre des Konfuzius, wie aus der folgenden Stelle aus *Das große Lernen*, einem weiteren frühen konfuzianistischen Werk, hervorgeht:

> Was gemeint ist mit »Die Pflege des eigenen Charakters hängt davon ab, den Geist zu korrigieren«, kann so veranschaulicht werden: Wenn ein Mensch unter dem Einfluß von Leidenschaft steht, wird er unkorrekt in seinem Verhalten sein. Ebenso wird es sein, wenn er unter dem Einfluß von Schrecken steht oder unter dem eines verliebten Blickes oder dem von Sorgen und Traurigkeit.[27]

Diese Stelle führt zurück auf die, welche zuvor aus *Der Weg der Mitte* erwähnt wurde und welche die Anwendung von *chung* in bezug auf den Geist erklärt. Auf der anderen Seite weist das Zitat von Mencius auch einen eindeutigen taoistischen Einfluß auf, vielleicht ist es ein Echo auf Dschuang Dse, der in seinem Kapitel »Alle Dinge gleichmachen«[28] schreibt: »Es gibt niemanden, der länger gelebt hat als ein Kind, das vorzeitig stirbt.«

Tatsächlich greift Mencius ein beliebtes taoistisches Thema auf, wenn er die Tugenden des geistigen Friedens, der Freiheit von Sorgen und des Vermeidens starker Leidenschaften verteidigt. Um sicherzugehen, redet er, wenn er über die Folgen eines friedvollen oder von Emotionen verdunkelten Geistes spricht, von »rechter« und »unrechter« Handlung. Dies weist auf die für den Konfuzianismus typische Betonung der Moral hin. Ein Taoist würde statt dessen die Folgen für die Gesundheit und Lebensdauer hervorheben. Aber obwohl Verschiedenes betont wird, bleibt der Rat, auf die Praxis bezogen, derselbe.

In den *Werken des Mencius* befinden sich viele andere Stellen, welche auf taoistischen Einfluß weisen, z. B. sein Ausspruch: »Um den Geist zu ernähren, gibt es nichts Besseres, als die Begierden zu verringern.«[29] Am bemerkenswertesten ist vielleicht die Stelle, an der Mencius seine Theorie über die beiden verschiedenen Komponenten des menschlichen Geistes ausdrückt: der Wille oder Geist und das *chi* (Vitalität). Folgender Auszug ist aus Buch II:

> Der Wille ist der Leiter (Gebieter) des *chi* (Vitalität). Die Vitalität durchströmt den Körper und bewegt ihn. Der Wille ist von allererster Bedeutung, die Vitalität sekundär. Deshalb sage ich: Bewahrt einen starken Willen und verletzt die Vitalität nicht... Wenn der Wille konzentriert ist, bewegt er die Vitalität. Wenn die Vitalität konzentriert ist, bewegt sie den Willen. Letzteres geschieht z. B., wenn ein Mensch läuft oder hinfällt: die Vitalität ist heftig und bewegt den Geist... Ich bin geschickt beim Nähren meiner großen Vitalität.[30]

Als er von einem Schüler gefragt wird, was mit »großer Vitalität« gemeint ist, antwortet Mencius: »Es ist schwierig zu beschreiben. Die Vitalität ist sehr groß und sehr stark. Wenn sie genährt und nicht verletzt wird, erfüllt sie alles zwischen Himmel und Erde (den ganzen Körper)... Ohne sie stirbt der Mensch.«[31]

Um den Sinn dieses Ausspruchs zu erfassen, sollte man wissen, daß das Wort »Vitalität« benutzt wird, um das Wort *chi* zu übersetzen. Die volle Bedeutung dieses chinesischen Wortes ist schwer in einem einzigen deutschen Ausdruck verständlich zu machen. Es bedeutet soviel wie Vitalenergie und auch Atem, wobei gleichzeitig das Atmen und der Blutkreislauf, der den Atem durch den Körper trägt, gemeint ist. Ebenso hat es daneben noch eine geistige Bedeutung. Es ist interessant, daß das, was Mencius in bezug auf das *chi* sagt, all diese Aspekte so kombiniert, daß es

sich genau auf die Praxis der taoistischen Übungen, wie z.B. das T'ai Chi Ch'uan, anwenden läßt. Bei der richtigen Durchführung dieser Übungen konzentriert sich der Geist auf das *chi*, welches seinerseits Arme und Beine antreibt und bewegt. Dies führt zu einer zunehmenden Bewußtwerdung des *chi*-Flusses im ganzen Körper, verbessert den Kreislauf und vergrößert die Energie. Im Kapitel: »Dreizehn Figuren mit Geistbewegung« des T'ai Chi Ch'uan-Klassikers – »Benütze den Geist, um das *chi* zu beherrschen... benütze das *chi*, um den Körper in Bewegung zu bringen« –, ist es so beschrieben. Die Tatsache, daß dieser Vorgang in fast denselben Worten in einer Schrift konfuzianistischer Tradition beschrieben ist, zeigt, daß die T'ai Chi Ch'uan-Übungen tatsächlich eine große Synthese der alten Weisheit Chinas darstellen. Sie sind die Verfeinerung einer langen Tradition taoistischer Gesundheits- und Langlebigkeitstechniken und verwirklichen zu gleicher Zeit das konfuzianistische Ideal der Ernährung des Geistes.
Dies Ideal der gleichzeitigen Ernährung von Geist und Körper steht im Mittelpunkt der Lehren des Mencius. So schreibt er in Buch VI im 8. Kapitel: »Wenn er seine richtige Nahrung bekommt, gibt es nichts, was nicht wachsen würde. Wenn er seine richtige Nahrung verliert, gibt es nichts, was nicht verfallen würde.«[32] Durch Anwendung dieses Prinzips auf sein eigenes Leben war es Mencius möglich, bis zum Alter von 84 Jahren zu leben, mehr als eine Dekade länger als Konfuzius. Andere Schüler und Nachfolger des Konfuzius, die dem Mencius in ihrem philosophischen Verständnis vielleicht gleichzusetzen waren, hatten jedoch beim Erreichen einer langen Lebensdauer nicht so viel Erfolg. So starb Yen Hui, der Lieblingsschüler des Konfuzius[33], nach einer langen Zeit der Unterernährung schon im Alter von 32 Jahren.
Wir hoffen, daß die Leser dieses Buches fähig sein werden, die Ideen und Techniken, die hier beschrieben sind, so anzuwenden, daß sie das richtige Gleichgewicht zwischen körperlicher und geistiger Nahrung finden und auf diese Weise lange und gesund leben werden.

Anmerkungen

1 Die Übersetzungen von Stellen alter Klassiker, die in diesem und anderen Kapiteln auftauchen, sind meine eigenen. Ich habe gelegentlich andere Übersetzungen benutzt, besonders die des großen Gelehrten James Legge aus dem 19. Jh. Zu jeder angeführten Stelle füge ich eine Fußnote bei, in der ich die Seitennummer der entsprechenden Stelle in der Legge-Übersetzung angebe. Obwohl ich nicht immer mit seinem Wortgebrauch übereinstimme, wird es interessierten Lesern so möglich sein, wenn sie wollen, den Zusammenhang jeder angeführten Stelle herauszufinden. Um die Fußnoten kurz zu halten, verwende ich Abkürzungen, wenn ich mich auf die Werke Legges beziehe. Dies sind: CC = *The Chinese Classics* (Hong-Kong: Hong Kong University Press,

1960) Bd. I »Confucian Analects«, »The Great Learning«, »The Doctrine of the Mean«; Bd. II: »The Works of Mencius«. TT = *The Texts of Taoism*, in zwei Bänden (New York: Dover Publications, 1962) Bd. I: »The Tao Te Ching of Lao Tzu«, »The Writings of Chuang Tzu«, Kapitel 1–17; Bd. II: »The Writings of Chuang Tzu«, Kapitel 18–33.

2 Joseph Needham, *Science and Civilization in China,* Bd. II (Cambridge: The University Press, 1954) S. 159

3 Für andere Übersetzungen siehe Legge, TT, Bd. I, S. 53 und Ch'u To Kao, *Tao Te Ching* (New York: Samuel Weiser, 1973), S. 22

4 Für andere Übersetzungen siehe Legge, TT, Bd. I, S. 99, Needham, *Science and Civilization,* Bd. II, S. 140 und Ch'u To Kao, S. 70

5 Siehe Legge, TT, Bd. I, S. 62–63

6 Ibid., S. 89

7 Ibid., S. 118

8 Ibid., S. 390

9 Ibid., Bd. II, S. 3

10 Ibid., S. 4 und 5

11 Ibid., Bd. I, S. 194

12 Ibid., Bd. II., S. 6

13 Ibid., Bd. I, S. 194–195

14 Es ist in den beiden wichtigsten philosophischen Schriften Descartes' zu finden: in Teil IV der »Abhandlung über die Methode«, geschrieben 1637, wie auch in der ersten der sechs »Meditationen über die erste Philosophie« 1641. Siehe The Philosophical Works of Descartes, Übs. E.S. Haldane und G.R.T. Ross (Cambridge: The University Press, 1967), Bd. I, S. 101 und 145–46.

15 Siehe Legge, TT, Bd. I, S. 364–65

16 Siehe seinen Brief an Dr. Chang Chuan-yuan in *C. G. Jung's Letters* (Princeton, N.J.: Princeton University Press, 1973) Bd. I, S. 559–60. Jung schreibt: »Wenn man zur Wahrheit gelangen könnte, indem man die Worte der Weisheit lernt, dann wäre die Welt schon in den weit zurückliegenden Zeiten des Lao Tse gerettet worden... Weisheit kann nicht durch Worte vermittelt werden. Es ist nur durch persönlichen Kontakt und plötzliche Erfahrung möglich.«

17 Siehe Legge, CC, Bd. I, S. 240–41

18 Chu Tse, *Ch'uan Shu,* Kap. 51, hier entnommen aus Needham, *Science and Civilization,* Bd. II, S. 490

19 Siehe Legge, CC, Bd. I, S. 232

20 Ibid., S. 230–31

21 Ibid., S. 200, 235

22 Ibid., S. 384

23 Ibid., S. 382

24 Ibid., S. 384

25 Siehe Needham, *Science and Civilization* Bd. II, S. 233–34

26 Siehe Legge, CC, Bd. II, S. 449

27 Ibid., Bd. I, S. 368

28 Siehe Legge, CC, Bd. I. S. 188

29 Siehe Legge, CC, Bd. II, S. 497

30 Ibid, S. 188–89

31 Ibid., S. 190

32 Ibid., S. 409

33 Siehe die *Analects*, Buch VI, Kapitel 2 in ibid., Bd. I, S. 185

3. KAPITEL

T'ai Chi Ch'uan und die Systeme des Körpers

T'ai Chi Ch'uan und Gesundheit

T'ai Chi Ch'uan ist eine Übung, die zur Selbstentspannung dient und deren langsame, gleichmäßige Bewegungen auf den Atem abgestimmt sind und von einem in sich ruhenden Geist geleitet werden. So ist sie gleichzeitig für das körperliche und geistige Wohl von Nutzen. Der berühmte Meister Yearning K. Chen erklärt, daß T'ai Chi Ch'uan alle Teile des Körpers von jeder Art von Gebrechen befreit, den Geist aufhellt, das Gehirn stärkt und eine gute Verdauung und gutes Funktionieren der Nieren fördert[1]. T'ai Chi Ch'uan hilft auch, zu hohen Blutdruck zu vermindern, die Blutgefäße elastisch zu machen und die Blutzirkulation anzuregen.

Somit ist es nicht erstaunlich, daß sich bei vielen Menschen mit den unterschiedlichsten Leiden einiges besserte, nachdem sie mit T'ai Chi Ch'uan begonnen hatten. Es ist dies z.B. der Fall bei Y.T. Lin gewesen, der mit etwa 60 Jahren wegen Herzbeschwerden mit der Übung begann[2]. Seine Krankheit war nach einem Jahr verschwunden. Und heute lehrt Yin, der um die Achtzig ist und sich immer noch bester Gesundheit erfreut, an beiden Küsten der Vereinigten Staaten T'ai Chi. Ich habe durch jahrelanges Üben und Lehren festgestellt, daß T'ai Chi Ch'uan auf alle Systeme des Körpers wirkt und es Krankheiten und Schwächen nicht nur vorbeugt, sondern sie auch heilt.

Das zentrale Nervensystem

Das zentrale Nervensystem, das sich vom Rückenansatz bis zum Gehirn erstreckt, ist das wichtigste System im Körper. Es erhält von innerhalb und außerhalb des Körpers Informationen, überträgt die Aktionen und Reaktionen des Körpers auf das Gehirn und steuert die Bewegungsabläufe der Glieder und Sinnesorgane. Das zentrale Nervensystem bleibt nur dann in guter Verfassung und ist voll funktionsfähig, wenn die Wirbelsäule aufrecht gehalten wird.

Die Wirbelsäule ist deshalb wichtig, weil sie die Mittelachse ist, die den Körper trägt, wie der Hauptbalken eines Hauses, der dieses stützt. Sie besteht aus einer Reihe von Wirbeln und schließt das Rückenmark mit ein. Wenn ein Mensch älter wird, verkürzen sich die Abstände zwischen den Wirbeln aufgrund von Druck, wodurch das Rückenmark zusammenschrumpft und die Haltung gebeugt wird. Auf indirekte Weise kann dieser Druck die inneren Organe verletzen – möglicherweise Tuberkulose oder Herzbeschwerden verursachen. Er kann sogar das Sehen verschlechtern.

Die Wirbelsäule aufrecht zu halten, ist der erste Schritt zur Verjüngung des Körpers. Die Wirbelsäulen der Kinder sind von Natur aus aufrecht, die älterer Menschen aufgrund schlechter Angewohnheiten mehr gebeugt. Methoden, dies zu verbessern, werden in einem späteren Kapitel besprochen. Im Augenblick ist es wichtig festzuhalten, daß nach den T'ai Chi-Klassikern, wenn die Wirbelsäule gerade gehalten wird, Vitalität und Blutzirkulation aus dem unteren Teil des Körpers zum Gehirn gelangen.

Das Verdauungssystem

Ein zweiter Schlüssel zu guter Gesundheit und langem Leben ist ein gesundes Verdauungssystem. Das Verdauungssystem speichert und liefert für den Körper alle Nahrung. Wenn es richtig funktioniert, bekommen wir aus der Nahrung, die wir zu uns nehmen, genug wichtige Nährstoffe. Gute Verdauung beeinflußt den Kalorienverbrauch, das Verdauen der Nahrung und die Ausscheidung der Ballaststoffe. Schlechte Verdauung jedoch hindert die notwendigen Nährstoffe daran, in die einzelnen Organe des Körpers zu gelangen. Unverdaute Nahrung wirkt sehr negativ auf Magen und Darm und verursacht viele Leiden.

Krämpfe, Magenverstimmung und Verstopfung sind geringere Übel. Sie kommen vor, wenn das Verdauungssystem nicht in guter Verfassung ist. Ernstere Beschwerden, wie Magengeschwüre und Magenkrebs, können nur chirurgisch behandelt werden.

Verschiedene Bewegungen des T'ai Chi Ch'uan, die im Detail im 5. Kapitel beschrieben werden, sind besonders günstig für das Verdauungssystem. Zu ihnen gehören »Einzelne Peitsche«, »Gitarrespielen« und »Weißer Kranich breitet seine Flügel aus«. Charakteristisch für diese Bewegungen ist ein Öffnen und Schließen, was den Körper dehnt und zusammenzieht. Dadurch werden Magen und Darm zum Vibrieren gebracht und angeregt. Obwohl das Verdauungssystem nicht vom Willen abhängig ist, kann es durch bewußt gesteuertes Atmen beeinflußt werden.

Das Atemsystem

An dritter Stelle für die Bedeutung von Gesundheit und langer Lebensdauer steht das Atemsystem. Nahrung ist zur Erhaltung des Lebens grundlegend, Atmung jedoch ist noch wesentlicher. Einige Tage ohne Essen zu sein ist unangenehm, aber nicht weiter gefährlich. Nur eine Minute jedoch mit Atmen aufzuhören, ist kaum zu ertragen, setzt man es noch einige Minuten fort, so kann es tödlich werden. Alle Lebewesen – sogar Pflanzen – hängen, um zu leben, vom Atmen ab. Diejenigen, die meditieren oder eine der Kampfkünste ausüben, können ihr Ziel ohne richtiges Atmen nicht erreichen. Bei den T'ai Chi Ch'uan-Übungen gilt Atmen mehr als körperliche Kraft. Wie Gas eine Maschine antreibt, so bewirkt Atmen – nicht Muskelstärke – die Bewegungen des T'ai Chi Ch'uan. Gleichzeitig wirken die Bewegungen wie ein Blasebalg, um dem Atem zu helfen: Wenn die Bewegung »offen« ist, kommt mehr frische Luft herein, wenn sie »geschlossen« ist, wird mehr Luft ausgestoßen.

Im Westen denken die meisten Menschen, daß »tiefes Atmen« bedeutet, die Lungen mit Luft zu füllen und den Atem anzuhalten. Im T'ai Chi Ch'uan ist die Bedeutung von »tief atmen«, die eingeatmete Luft in den Unterleib zu lenken. Kinder z. B. atmen mit ihrem Unterleib, aber wenn der Mensch älter wird, so wird die Atmung immer mehr, vor allem im Westen, auf die Lungen beschränkt. Daraus folgt, daß sich die Lungen oft verbreitern, das Herz bedrängen und Herzbeschwerden verursachen. Ältere oder sehr kranke Menschen atmen sogar noch oberflächlicher und beschränken den Atem auf den Hals.

Im T'ai Chi Ch'uan bedeutet das Wort für Atem *(chi)* nicht nur die Luft, die ein- und ausgeatmet wird, sondern auch den Geist und die innewohnende Energie, die vom *tan t'ien*, dem psychischen Zentrum des Körpers, kommt. Dies Zentrum befindet sich ungefähr 10 cm unter dem Nabel. Der Geist steuert das *chi* bis in den Unterleib und durchdringt dabei sogar die Knochen.

Das Kreislaufsystem

In Verbindung mit dem Atemsystem steht das Kreislaufsystem. Blut kann sich nicht von selbst bewegen, es wird vom *chi* gelenkt. Wenn das Atmen aufhört, hört auch die Blutzirkulation auf. Die T'ai Chi Ch'uan-Bewegung leitet das *chi* so, daß mehr Sauerstoff ins Blut gelangt. Mit anhaltender, langsamer Bewegung reinigt, nährt und verbessert das frische Blut jeden Teil des Körpers. Wenn der Atem nicht tief genug ist, kann das frische Blut nur begrenzt zu den einzelnen Stellen gelangen. In vielen Teilen des Körpers – im Gesicht und den Händen z. B. – sind die Blutgefäße so dünn wie Haare.

Wenn zu diesen Blutgefäßen kein frisches Blut gelangt, können sie nicht assimilieren. Wie eine Blume, die kein Wasser und keinen Dünger bekommt, verdorren sie. Daraus ergibt sich, daß das Gesicht und die Hände älter erscheinen und der Körper empfindlicher für Krankheiten ist. Wenn T'ai Chi Ch'uan regelmäßig und richtig geübt wird, gelangt frisches Blut zu diesen dünnen Blutgefäßen. Es macht den Körper stark und verlängert die Jugend.

Im Kreislaufsystem gibt es zwei Blutbestandteile, die zu guter Gesundheit beitragen: die roten und weißen Blutkörperchen.

Die roten Blutkörperchen ernähren und reinigen die Körpergewebe. Der von uns eingeatmete Sauerstoff wird durch die roten Blutkörperchen zu allen Organen und Systemen des Körpers befördert. Anschließend bringen sie Kohlendioxyd von den Körpergeweben zu den Lungen und Ballaststoffe zu den Ausscheidungsorganen. Die weißen Blutkörperchen befördern Antikörper durch den Blutstrom, welche schädliche Bakterien zerstören und beschädigtes Körpergewebe wieder aufbauen. Diese roten und weißen Blutkörperchen sind, wie die taoistischen Begriffe von Yin und Yang, zwei polare Kräfte, die im Gleichgewicht sein müssen. Wenn nicht genug weiße Blutkörperchen vorhanden sind, kann sich der Körper schlecht gegen Infektionen und Krankheiten verteidigen. Nicht genug rote Blutkörperchen verursachen Anämie und Leukämie. Die langsamen, gleichmäßigen Bewegungen des T'ai Chi Ch'uan halten das Gleichgewicht zwischen roten und weißen Blutkörperchen aufrecht. Durch Beeinflussung des Kreislaufs verhindern die T'ai Chi Ch'uan-Bewegungen und tiefes Atmen auch zu hohen Blutdruck.

Das endokrine Drüsensystem

Die Drüsen des endokrinen Systems kontrollieren die Organe des Körpers durch Abgabe von Sekreten, die man Hormone nennt. Manche Sekretionen gehen über Leiter, wie z.B. über den Speichel im Mund, der die Verdauung unterstützt. Andere endokrine Drüsen besitzen keine Leiter, sondern geben ihre Hormone direkt an den Blutstrom ab. Das Blut befördert diese Hormone zu allen Organen des Körpers und beeinflußt ihr Wachstum und ihre Aktivität. So beeinflussen die endokrinen Drüsen viele der wichtigen Lebensprozesse direkt: Wachstum, sexuelle Reifung, Vermehrung und Altern. Es gibt viele Drüsen im Körper. Wir wählen nur die aus, die zu T'ai Chi Ch'uan und einem langen Leben in Beziehung stehen.

Die Hypophyse und die Zirbeldrüse

Die Hypophyse hat einen Durchmesser von ungefähr 1 cm. Dennoch übt sie auf die anderen endokrinen Drüsen eine Kontrollfunktion aus. Ihre Hormone beeinflussen die Hauptpigmentation, das Protein in den Knochen und das Reifen der männlichen und weiblichen Geschlechtsorgane. Die Hypophysenhormone regen auch die Schilddrüse und die Adrenalindrüse an. Der Hinterlappen der Hypophyse speichert Hormone, die vom Hypothalamus abgegeben werden. Unter diesen befindet sich Vasopressin, ein Hormon, das durch Wirkung auf die Nieren die Urinausscheidung reduziert.

Die am Mittelhirn befindliche Zirbeldrüse ist sogar noch kleiner als die Hypophyse. In der westlichen Medizin ist die endokrine Funktion der Zirbeldrüse unbekannt. Chinesische Taoisten jedoch glauben, daß die Hypophyse und die Zirbeldrüse zwei Funktionen haben: Die eine kontrolliert die Beschleunigung des sexuellen Wachstums, die andere verzögert den Alterungsprozeß.

Das taoistische *huan ching pu nuo*, das zu den T'ai Chi Ch'uan-Bewegungen gehört, soll gleichzeitig die Hypophyse und die Zirbeldrüse in ihrer Funktion unterstützen. Taoisten glauben, daß die Vitalität des Spermas zu einer Energiequelle umgewandelt werden kann[3].

Huan ching pu nuo ist der taoistische Begriff für das Leiten dieser Vitalität von dem unteren Teil des Körpers ins Gehirn.

Eine ausgezeichnete T'ai Chi Ch'uan-Bewegung, welche dies Prinzip anwendet, ist »Schritt zurück« und »Den Affen abwehren«. Zu Beginn dieser Bewegung geht die rechte Hand zur Oberschenkelgegend, während man mit dem linken Fuß zurücktritt und einatmet. Während sich die rechte Hand zurückbewegt und sich der Kopfgegend nähert, bringen der Geist und das *chi* die Vitalität vom *tan t'ien* im Unterleib durch das Rückenmark ins Gehirn. Nun stößt die rechte Hand nach vorne, weg vom Kopf, und man atmet aus. Dies veranlaßt den Geist, die Energie vom Gehirn durch den Mund zur Vorderseite des Körpers zu leiten und zum *tan t'ien* zurückkehren zu lassen. Durch diese Übung erhalten die Hypophyse und Zirbeldrüse Kraft.

Die Schilddrüse

Die Schilddrüse, welche sich im Hals befindet, speichert den größten Teil des für den Körper notwendigen Jods. Ihre Hormone vermehren die Oxidation im Körper – was Wärme produziert – und den Zuckermetabolismus.

Darüber hinaus stimulieren die Schilddrüsenhormone das zentrale Nervensystem, die Adrenalin- und Geschlechtsdrüsen und die Entwicklung der Knochen und Zähne. So beeinflußt die Schilddrüse das Wachstum des Körpers. Eine ernste Erkrankung der Schilddrüse ist der Kropf. Er taucht auf, wenn durch Jodmangel ein Anschwellen der Drüse stattfindet. Im Westen wird der Kropf mit Medikamenten und durch chirurgische Eingriffe behandelt. Die Chinesen jedoch benutzen die T'ai Chi Ch'uan-Bewegungen als vorbeugende Maßnahme dagegen. Bei der T'ai Chi Ch'uan-Bewegung ist der Nacken aufrecht und entspannt. Er befindet sich genau in der Mitte, neigt weder nach links noch nach rechts. Die Bewegungen von Kopf und Hals sind aufeinander abgestimmt und folgen einander sanft, ohne irgendein Verdrehen des Halses. Durch diese Bewegungen von einer Seite zur anderen nimmt die Aktivität der Schilddrüse zu. Sie wird auch durch den Mundspeichel unterstützt.

Weil der Speichel vom Kopf kommt, nennen ihn die Taoisten »göttliches Wasser«. Dies Sekret enthält Chemikalien, welche das Erscheinen eines Kropfes verhindern. Wenn man die Zunge an den Gaumen bringt, gelangt mehr Speichel an die Schilddrüse. Schließlich kann auch tägliche Halsmassage das Entstehen eines Kropfes verhindern und die Schilddrüse anregen.

Die Adrenalindrüsen

Die Adrenalindrüsen befinden sich in der Nierengegend und regeln viele lebensnotwendige Körperfunktionen. Einige Adrenalinhormone halten z.B. das Gleichgewicht des Körpers an Zucker, Potassium, Sodium und weniger wichtigen Mineralien im Blut aufrecht. Andere Hormone ziehen die Blutgefäße zusammen, regen so das Herz an und steigern den Blutdruck. Sie entspannen auch die Atemmuskeln und wirken so auf Asthma und Allergien. Neben der Bekämpfung von Infektionen und der Regelung des Wasserhaushalts im Körper verdoppeln die Hormone der Adrenalindrüsen auch die Hormone, welche von den Hoden und Ovarien abgegeben werden. Müdigkeit und nervliche Anspannung überaktivieren die Adrenalindrüsen und beschränken die Fähigkeit des Körpers, gegen Infektionen und Krankheiten anzukämpfen.

Die Adrenalindrüsen befinden sich im mittleren Teil des zentralen Nervensystems. Dieser Bereich muß sehr warm gehalten werden, damit die Nieren und Drüsen richtig funktionieren können. Wenn ein Mensch alt und krank wird, ist es oft so, daß er die notwendige Wärme und Kalorienzahl nicht mehr produzieren kann.

Dies verursacht eine Ansammlung von überflüssigem Wasser und wirkt sich in Krankheiten wie Diabetes aus. T'ai Chi Ch'uan kann beim Verhindern dieser Gesundheitsstörungen helfen. Die Bewegungen wirken auf die Nieren und helfen, Rückstände zu entfernen. Sie regen auch die Adrenalindrüsen an, mehr Hormone an die Systeme des Körpers abzugeben. Die einzelnen Stellungen konzentrieren den Geist und das *chi* auf den Unterleib und sorgen so dafür, daß die angesammelte Wärme überflüssiges Wasser verdunsten läßt und den Urin reinigt. Die durch diese Übungen hervorgebrachte Wärme regt auch die Hoden zu vermehrter Spermienproduktion an.

Anmerkungen

1 Chens auf chinesisch geschriebenes *T'ai Chi Ch'uan und Waffen zur Selbstverteidigung* wird als ein maßgebender Text über T'ai Chi Ch'uan angesehen. *T'ai Chi Ch'uan: Its Effects and Practical Applications* ist die englische Übersetzung von Auszügen aus diesem Text (Shanghai, 1940)

2 Zu den Büchern von Y.T. Lin gehören: *The Ancient Chinese Program of Body and Mind Conditioning for all Men and Women Who Hate Exercise* (New York: Magnum Publications, 1970) und *Chinese Martial Arts and T'ai Chi Ch'uan* (New York: Chinese Kung Fu Wu Shu Association, 1971)

3 Für weitere Einzelheiten siehe Joseph Needham: *Science and Civilization in China: History of Scientific Thought* (Cambridge: The University Press, 1972), S. 149–50

4. KAPITEL

Atmung

Das Atmen hat in China eine weitaus größere Bedeutung als im Westen. Es wird darunter nicht nur der Prozeß verstanden, die Lungen mit Luft zu füllen und das Kohlendioxyd und andere Abfallstoffe auszustoßen, sondern darüberhinaus der Kreislauf des nährenden Sauerstoffs im Blut und zu allen Geweben hin.

Das Wort *chi*, das man als »Atem« übersetzen kann, hat auch die Bedeutung »Lebensenergie«, »Vitalität« und »Geist«. Viele taoistische Übungen, angefangen bei der Meditation und den Übungstechniken des alten *Tu Na* von Hwang-Ti bis zum *T'ai Chi Ch'uan*, welches später in diesem Buch besprochen wird, sollen den Kreislauf des lebenspendenden *chi* im Körper verbessern und seine Energie verfeinern und reinigen. Einige meiner anderen Bücher wie *T'ai Chi Ch'uan and I-Ching*[1], *Taoist Health Exercise Book*[2], und das demnächst erscheinende *T'ai Chi Ch'uan and Meditation* enthalten genaue Besprechungen verschiedener Atemaspekte und erklären, wie man diese taoistischen Übungen entwickeln kann. Um eine Wiederholung zu vermeiden, will ich mich hier darauf beschränken, eine Methode zu beschreiben, die den Anfängern helfen wird, richtig zu atmen, und einige spezialisiertere Atemtechniken, die benutzt werden können, um den Kopf und andere Teile des Körpers in einen klaren Zustand zu versetzen, die sexuelle Potenz aufzufrischen und Wunden und Krankheiten zu heilen.

Man kann durch den Mund oder die Nase einatmen. Im allgemeinen ist es gesünder, durch die Nase einzuatmen, da die winzigen Härchen in den Nasenlöchern Unreinheiten und Schmutz aus der Luft, die beim Einatmen durch den Mund in die Lungen gelangen würden, filtern. Auch ist besonders bei kühler Witterung die durch die Nase eingeatmete Luft wärmer als die durch den Mund aufgenommene. Andererseits macht es das Ausatmen durch den Mund möglich, abgenutzte, unreine Luft aus dem Körper schneller auszustoßen, und so wird es bei bestimmten Übungen, die später beschrieben werden, benutzt.

Der wesentlichste Bestandteil richtiger taoistischer Atemtechnik, der von jedem Anfänger verstanden werden muß, ist die ganz besondere Weise, den Atem zu lenken. Die eingeatmete Luft wird nicht nur in die Lungen, sondern tief in den Unterleib geführt. Der Punkt, wo sich der Atem sammelt, befindet sich etwa 10 cm unter dem Nabel und heißt *chi hai* (Meer des Atems). Alle fortgeschritteneren Methoden, das *chi* fließen zu lassen und die gereinigte Energie zu speichern, erfordern die Fähigkeit, den Atem auf den Bereich des Unterbauchs zu konzentrieren. Durch Übung und Konzentration läßt sich dies erreichen. Zunächst haben die Menschen im Westen Schwierigkeiten, den Atem auf den Unterleib zu richten. Dies rührt daher, daß es im Westen üblich ist, beim tiefen Einatmen die Brust zu dehnen und so die Luft in den Lungen zu speichern. Es ist so, als ob Wasser flußabwärts zum Meer strömt. Wenn es zuerst in einen großen See fließen muß, wird sein direkter Impuls verlorengehen, und es erreicht seinen Bestimmungsort vielleicht gar nicht mehr. Wenn analog dazu das *chi* in den Lungen festgehalten wird, kann es das »Meer des Atems« nicht erreichen. Bei vielen Anfängern besteht die Schwierigkeit jedoch nicht darin, eine falsche Einstellung zu haben. Es liegt vielmehr an Spannungen innerhalb des Körpers, die es ihnen erschweren, die Übung richtig auszuführen. Zur Überwindung dieses Problems gibt es verschiedene Methoden, die das Tiefatmen fördern und die Luft von der Brust in den Unterleib führen.

Bei einer Methode helfen die Handflächen, die Atmung zu führen. Legen Sie diese zunächst wie eine Schärpe über den Nabel auf den oberen Bauch. Wenn Sie durch den Mund ausatmen, drücken Sie gleichzeitig mit den Händen auf den Bauch, um ihm beim Zusammenziehen zu helfen, und stoßen Sie die verbrauchte Luft aus. Wenn Sie durch die Nase einatmen, lösen Sie diesen Druck sanft und allmählich auf. Nachdem Sie dies einige Male geübt haben, führen Sie die Hände so weit nach unten, bis sie direkt über dem »Meer des Atems« sind. Schließlich kann der Atem ohne Hilfe der Hände, allein durch den Willen, dorthin gelenkt werden.

Der Erfolg dieser Methode hängt stark von der Verfassung und Haltung des Körpers ab. Man sollte an die Übung mit einer friedvollen geistigen Einstellung und entspannten Muskeln herangehen. Um dies leichter zu ermöglichen, tragen Sie lockere Kleidung und öffnen Sie Ihren Gürtel, um ein freies Fließen des Blutes im Bauch zu gestatten. Liegen Sie mit dem Gesicht nach oben auf einer flachen, aber nicht zu harten Oberfläche (ein Teppichboden oder eine Matratze z.B.) und halten Sie Kopf, Hals und Wirbelsäule auf einer Linie und gerade. Sowohl das Einatmen als auch das Ausatmen sollte langsam, gleichmäßig und nach und nach geschehen, ohne Geräusche von Nase oder Kehle. Es ist gut, diese Art des Atmens zunächst gleich morgens nach dem Aufstehen oder abends vor dem Schlafengehen zu praktizieren.

Nach ein oder zwei Wochen Übung in der waagerechten Haltung kann dieselbe Übung auch im Sitzen oder Stehen ausgeführt werden. Wenn Sie soweit sind, sie im Stehen auszuführen, sollte es nicht länger notwendig sein, mit den Händen auf den Bauch zu drücken. Es ist jedoch nützlich, dabei die Taille während jeder Ausatmung in einem 45°-Winkel nach vorne zu beugen und bei jeder Einatmung zur vollkommen geraden

Haltung zurückzukehren. Schließlich wird es ganz einfach sein, diese Atemübung immer und überall in jedweder Stellung auszuführen. Nach einer langen Zeit regelmäßiger Übung wird ein fortgeschritteneres Stadium erreicht werden, bei dem sich der Bauch infolge der starken Energie, die sich dort ansammelt, erwärmen wird.

In diesem Stadium ist es mit der richtigen Disziplin möglich, die Lebensenergie zu speichern und auch über den ganzen Körper zu verteilen: vom Gehirn bis zu den Fingerspitzen und in die Mitte der Fußsohlen (den Taoisten bekannt als »die Höhlen des sprudelnden Frühlings«) und wieder zurück zum »Meer des Atems«. Der sich wiederholende Zyklus dieses Fließens der Lebensenergie ist von großer Bedeutung für Gesundheit und ein langes Leben.

Zwei andere Arten von Atmung sollten noch erwähnt werden. Sie werden in den taoistischen Klassikern der Meditation als Techniken beschrieben, die bei den höchsten Stufen der Meditation anzuwenden sind.

Es sind dies die »Fersenatmung« und die »Embryoatmung«.

Bei der Fersenatmung kommt die Energie nicht nur vom Bauch allein, sondern von den Fersen und beeinflußt den Kreislauf von Blut und Sauerstoff im gesamten Körper. Diese Art von Atmung erfordert viel aufmerksame Übung.

Die Embryoatmung ist eine noch weiter fortgeschrittene Form, welche den ungeborenen Foetus imitiert, der den Sauerstoff direkt von seiner Mutter aufnimmt und so »atmet ohne zu atmen«. Diese Art des Atmens und seine Bedeutung für die Meditation sind Gegenstand einer ausführlichen Abhandlung in meinem demnächst erscheinenden Buch *»T'ai Chi Ch'uan and Meditation«*.

Lange vor dem Erreichen solch fortgeschrittener Stadien, jedoch nach beträchtlichem Üben der grundlegenden, oben beschriebenen Atemübungen, wird es auch möglich, andere, spezialisiertere Atemtechniken zu nutzen. Sie sind in ganz bestimmten Situationen wirksam und erfüllen besondere Bedürfnisse. So wirken sie z.B. auf Blutstauungen in Kopf, Brust, Unterleib und Wirbelsäule, verhindern und heilen Krankheiten der inneren Organe, vergrößern die sexuelle Potenz, dienen als Selbstschutz in gefährlichen Situationen und helfen sogar beim Heilen anderer. Um Kopf, Brust, Unterleib und Wirbelsäule zu reinigen, ist es wichtig, daß sich die Wahrnehmung vom Fließen und der Bewegung des *chi* durch die Körperkanäle entwickelt. Diese steht mit dem Vorgang des Ein- und Ausatmens in Verbindung. Damit sich ein Gefühl für das Fließen entwikkeln kann, ist zunächst große geistige Konzentration erforderlich, das *chi* den rechten Weg entlangzuführen. Nach viel Übung jedoch wird es sich spontan ergeben. Um im Kopf Klarheit zu schaffen, sollte man sich, während man langsam durch die Nasenlöcher einatmet, auf eine Bewegung konzentrieren, die von der Stirn zum Scheitel und dann entlang dem Hinterkopf hinunter bis zu der am Schädelansatz befindlichen Medulla oblongata führt. Während des Ausatmens sollte sich die Aufmerksamkeit darauf konzentrieren, das *chi* denselben Weg zurückzuleiten: entlang dem Hinterkopf hoch zum Scheitel, dann die Stirne herunter bis zur Nase. Die Übung ist sehr wirksam, wenn man sie drei- bis fünfmal wiederholt. Sie ist ausgezeichnet geeignet, geistigen Frieden zu erlangen. Um Brust und Unterleib zu reinigen, sollte man mit dreimaligem Ausatmen durch den Mund beginnen, um die verbrauchte Luft auszustoßen. Dann wird die Aufmerksamkeit dazu benutzt, während des Einatmens die Luft hinunter in die Magen- und Darmgegend zu leiten, während des Ausatmens wieder hoch und durch die Nasenlöcher hinaus. Diese Übung sollte im Stehen ausgeführt werden.

Eine ähnliche Methode kann benutzt werden, um die Wirbelsäule und den Rücken zu reinigen, aber sie ist viel schwieriger zu erlernen und erfordert im allgemeinen die Unterweisung eines erfahrenen Lehrers. Während des Einatmens fließt das *chi* hinunter zum Unterleib, von da zum Wirbelsäulenansatz und dann die einzelnen Wirbel der Wirbelsäule hinauf bis zum Hinterkopf und Scheitel. Während des Ausatmens kommt es wieder von der Stirne herunter und durch die Nasenlöcher hinaus. Nach erheblicher Übung kann die Richtung des Flusses auch umgeleitet werden, so daß das *chi* die Stirne hochgeht und den Hinterkopf und die Wirbelsäule hinunter usw. Dieser Zyklus kann drei- bis fünfmal wiederholt werden.

Eine andere besondere Atemtechnik heißt »Sechs Töne zum Nutzen der inneren Organe«. Die sechs Töne sind HA, HU, SHI, SSSSS, SHU und FU. Jeder ist besonders heilsam für ein bestimmtes inneres Organ und kann dazu benutzt werden, Leiden, die es betreffen, zu heilen oder zu verhindern. Um den größten Erfolg zu haben, sollten die Silben mit einem starken Hauchlaut ausgesprochen werden, wobei schnell, jedoch nicht zu heftig ausgeatmet wird. Für das Herz wird der Ton HA angewandt, für die Milz HU, SSSSS ist für die Lungen, SHI für den Solarplexus, SHU für die Leber und FU für die Nieren. Um diese Organe gesund zu erhalten, reicht es, jeden Ton einige wenige Male am Tag auszusprechen. Wenn eines der Organe krank ist, sollte seine Silbe 36mal hintereinander in einer bestimmten Stellung wiederholt werden. Einzelheiten über die richtige Anwendung eines jeden Tones können in meinem *Taoist Health Exercise Book* nachgelesen werden[3].

Eine weitere besondere Atemtechnik, die im Sitzen ausgeführt wird, wirkt sich potenzsteigernd aus. Lange Zeit war diese Technik eine geheime Lehre, die nur Taoisten bekannt war. Sie wurde traditionsgemäß als Teil eines förmlichen Rituals gelehrt, bei dem es notwendig war, daß alle schworen, die Technik nicht weiterzugeben. Verschiedene Gründe mögen angeführt werden, um diese Verschwiegenheit zu erklären. Zum einen wurde in der traditionellen chinesischen Gesellschaft über sexuelle Techniken nicht sehr oft in der Öffentlichkeit diskutiert. Wenn es geschah, so auf mehr oder weniger unzüchtige Weise, was diese Techniken dann in Verruf brachte. Außerdem glaubte man, daß unerleuchtete Menschen beim Erlangen sexueller Ekstase übereifrig sein würden und sich durch ihre Versuche, so schnell wie möglich mit der Übung voranzukommen, schädigen würden. Auch existierte die abergläubische Ansicht, daß die Übung an Wirkung verliere, wenn sie mit allzuvielen Menschen geteilt würde. Für die Geheimhaltung sprach auch der Umstand, daß diejenigen, die an den geheimen Aktivitäten teilnahmen, durch die Aufrechterhaltung des Geheimnisvollen mit einer Aura des Mysteriösen umgeben wurden. Ein anderer interessanter Aspekt der traditionellen Ausübung dieser Technik ist, daß sie auf Männer beschränkt war. Die Beschreibung der Atemmethode ging Hand in Hand mit der Vorstellung der Anatomie männlicher Geschlechtsorgane, und der Nutzen ihrer Ausführung wurde in der vergrößerten Potenz und Verhinderung vorzeitiger Ejakulation gesehen. Es wurde in keiner Weise an den etwaigen Wert dieser oder anderer ähnlicher Übungen für Frauen gedacht. Ich glaube, daß diese traditionellen Vorurteile heute ziemlich veraltet sind. Viele Bücher beschäftigen sich in neuerer Zeit ganz offen mit sexueller Hygiene und entsprechenden Techniken. Es ist nicht mehr nötig, bei der Diskussion über Informationen rein hygienischen Inhalts aufgrund von Tabus oder Aberglauben gehemmt zu sein. Darüber hinaus ist es nicht unbedingt wahr, daß nur Männer aus der Übung Nutzen ziehen können. Eine ähnliche Methode kann von Frauen angewandt werden, und es hat sich herausgestellt, daß sie für die weiblichen Geschlechtsorgane gut ist und sogar Krankheiten, die mit ihnen in Zusammenhang stehen, verhindern kann. Einigen Frauen gelang es sogar, ihren Menstruationszyklus mit Hilfe einer dieser Methoden zu kontrollieren.

Ich will die Technik hier so beschreiben, daß sowohl Männer als auch Frauen sie anwenden können. Man sollte sich ihr mit Vorsicht nähern und ohne ungeduldig zu werden und zu schnellen Fortschritt erlangen zu wollen. Es geht um eine starke Energie, und aus ihrer falschen Anwendung kann sich körperlicher Schaden ergeben.

Beginnen Sie damit, daß Sie in Kniehöhe auf einem niedrigen Stuhl oder auf einer Bettkante sitzen, so daß die Füße fest auf dem Boden ruhen. Bedecken Sie die Kniescheiben mit den Handflächen. Atmen Sie, während Sie sich von der Taille aus in einem 45°-Winkel nach vorne beugen, durch die Nase ein. Konzentrieren Sie sich darauf, zu spüren, wie die Energie von den Fußsohlen die Beine hinauf bis zu den Geschlechtsorganen fließt. Richten Sie sich, von der Taille ausgehend, langsam wieder auf, und atmen Sie dabei durch den Mund aus. Spüren Sie gleichzeitig, wie die Energie die Beine hinunter bis zu den Füßen fließt. (Es ist wichtig, festzuhalten, daß die Koordination des Atmens mit Beugen und Strecken bei dieser Übung anders verläuft als bei der zuvor in diesem Kapitel erwähnten Grundübung.) Wiederholen Sie den Zyklus von Ein- und Ausatmen zwanzigmal, und spüren Sie dabei jedesmal, wie die Energie hinauf und hinunter fließt. Dies sollte gleich morgens nach dem Aufstehen geübt und kurz vor dem Schlafengehen wiederholt werden. Am besten ist es, die Übung bei frischer Luft durchzuführen, bei kalter Witterung jedoch genügt es, neben einem leicht geöffneten Fenster zu sitzen.

Nach drei Monaten kann man versuchen, diese Technik zu verfeinern. Es gibt einen empfindlichen Punkt direkt zwischen dem After und dem Genitalbereich. Konzentrieren Sie sich während des Einatmens darauf, die Lebensenergie auf diesen Punkt zu lenken und von da langsam zum Genitalbereich. Ein Mann sollte sie bis zur Spitze seines Penis fließen spüren, eine Frau bis in den Uterus hinein.

Eine andere spezielle Atemtechnik ist besonders nützlich, um gegen Furcht anzugehen und angesichts großer körperlicher Gefahr oder extremen Stresses seine Schwäche zu überwinden. Sie sollte nicht regelmäßig angewandt werden, aber das Wissen um sie kann eine große Hilfe sein, wenn man sich in einer schwierigen Situation befindet. Die Technik besteht darin, ganz plötzlich im ganzen Körper straff und hart zu werden. Die Zehen graben sich ein, die Beine sind gespannt, der After zusammengezogen, Fäuste und Zähne aufeinandergepreßt. Die Brust ist leicht eingezogen, die Schultern- und Halsmuskeln sind gespannt, die Wirbelsäule ist dadurch aufrecht und ebenfalls gespannt. Die Zunge liegt dem Gaumen an, das Kinn ist zurückgezogen, und die Augen sind weit geöffnet. Wenn all dies zusammen geschieht, während zur gleichen Zeit tief in den Unterleib hineingeatmet wird, macht es den Körper stärker und läßt auch Mut entstehen. Man sollte auch wissen, daß es gefährlich sein kann, geschlagen zu werden, während der Atem im Körper gespeichert wird. Kurz bevor man geschlagen wird, ist es am besten, kräftig durch die Nase einzuatmen und den Ton »Hunng« auszustoßen. Atmen Sie anschließend explosionsartig mit einem lauten und kurzen »Ha!« aus. Dieser kraftvolle Schrei erschreckt den Gegner vielleicht und stärkt das eigene Selbstvertrauen. Wichtiger dabei ist, daß dadurch die Spannung ohne Gefahr für die inneren Organe aufgehoben wird und der Körper sich lockert.

Der Schaden, der bei einem Zusammenstoß entstehen kann, wird so recht gering.

Zu guter Letzt sollte hier noch ein Wort gesagt werden über den Gebrauch des *chi*-Flusses zum Heilen von Wunden und Krankheiten. Anhand der oben beschriebenen Übung kann man die Fähigkeit entwickeln, die

Lebensenergie durch Willenskraft in jeden Teil des Körpers strömen zu lassen und sie auch in der *tan t'ien*-Gegend im Unterleib, genau über dem »Meer des Atems« zu speichern. Wenn die Übung regelmäßig ausgeführt wird, kann die Vitalität wie in einem Safe gespeichert werden, bis sie gebraucht wird, um z. B. Schmerzen zu lindern. Wenn man verwundet wird oder krank ist, kann man mit Hilfe von Konzentration die Energie vom Speicher weg zu der Stelle führen, wo sie gebraucht wird. Bemerkenswert daran ist, daß diese Energie auf andere, die sie brauchen, durch die Fingerspitzen übertragen werden kann. So nützen die hier beschriebenen Atemmethoden nicht nur der Gesundheit des Übenden, sondern können ihm auch noch die Fähigkeit verleihen zu heilen, so daß er auch für andere von Nutzen ist. Einige Einzelheiten darüber werden im Kapitel über Akupressur und Massage angeführt.

Anmerkungen

1 New York: Harper and Row, 1972
2 New York: Links Books, 1974
3 Ibid., S. 61–62

5. KAPITEL

Ausführung des T'ai Chi Ch'uan

T'ai Chi Ch'uan besteht aus einer Reihe von Bewegungen wie Drehen, Gewichtsverlagerung von einem Bein auf das andere, Beugen und Strekken der Beine und verschiedenen Armbewegungen, die alle ganz genau in einer bestimmten Reihenfolge aufeinander abgestimmt sind. Jede der Bewegungen ist potentiell zur Selbstverteidigung geeignet, und einige sind auch nach diesem Zweck benannt. Andere haben ihre Namen in Anlehnung an Tierbewegungen, die sie nachahmen. Die Bewegungen werden in verschiedenen Kombinationen vereinigt, die dann die einzelnen Teile und Folgen darstellen.

Traditionsgemäß gibt es zwei verschiedene Formen von T'ai Chi Ch'uan. Die sogenannte lange Form besteht aus drei Teilen und umfaßt 108 verschiedene Bewegungen. Die »kurze Form« besteht aus zwei Teilen und umfaßt 37 Bewegungen. Die in diesem Kapitel beschriebene Form steht zwischen den beiden. Sie besteht aus zwei Teilen, hat nicht so viele Wiederholungen wie die lange Form, umfaßt aber alle wichtigen Bewegungen – fünfzig insgesamt. Der erste Teil umfaßt siebzehn Bewegungen. Sie sind leicht zu erlernen und auszuführen, keine von ihnen ist besonders verwickelt. Jedoch stellen sie den wichtigsten Teil der Form dar, denn auf ihnen bauen sich die fortgeschritteneren Stufen auf. Um in den Genuß der gesundheitlichen Vorteile des T'ai Chi Ch'uan zu kommen, reicht es außerdem auch schon, wenn nur der erste Teil ausgeführt wird. Auch wenn man nur die erste Bewegung des ersten Teils (der Anfang der T'ai Chi Ch'uan-Form) ausführt, kann man schon viel erreichen. Die Wiederholung dieser Bewegung ist nämlich nichts anderes als eine Meditation im Stehen. Der zweite Teil der Form ist komplizierter, und einige der Bewegungen, die er umfaßt, sind für den einzelnen schwieriger durchführbar. Er ist nützlicher zur Selbstverteidigung als der erste Teil, aber er kann nur dann leicht erlernt werden, wenn man den ersten Teil schon recht gut beherrscht.

Um die Form richtig auszuführen, ist es nötig, sie langsam und gleichmäßig zu üben. Man sollte sie nicht als eine Folge von verhaltenen Bewegungen betrachten, sondern als einen zusammenhängenden, fließenden Prozeß, der vorbeiströmt wie Wasser, ohne Unterbrechung oder Pause.

Die Bewegungen sollten alle mit derselben gleichmäßigen Geschwindigkeit ausgeführt werden. Man sollte vermeiden, sich plötzlich langsamer oder schneller, angestrengter oder lockerer zu bewegen. Es ist auch am besten, die Bewegungen langsam zu lernen und immer auf eine korrekte Ausführung konzentriert zu sein. Es ist viel besser für die Gesundheit, wenn man fähig ist, eine einzelne Bewegung richtig auszuführen, als wenn man viele Stellungen durchprobiert, die angespannt, unterbrochen oder anderweitig falsch sind.

In der Beschreibung der Form benutze ich als eine Hilfe zur richtigen Orientierung im Ablauf der Bewegungen die Richtungen des Kompaß (Norden, Süden, Osten, Westen). Legen wir einmal fest, daß man bei der Anfangsstellung nach Norden gewandt ist. Diese willkürlich erscheinende Festlegung findet einzig aus dem Grund statt, damit die folgende Beschreibung leichter verfolgt werden kann. Die Begriffe links und rechts, vorwärts und rückwärts sind manchmal verwirrend. Sobald sich jemand dreht, bedeutet »rechts« eine andere Richtung. Sich am Anfang nach Norden zu wenden, hat also keine besondere Bedeutung. Einige weise Taoisten haben die Gewohnheit, sich am Anfang der Sonne zuzuwenden. In Wirklichkeit ist jede Richtung gleichbedeutend, und man sollte sich so orientieren, daß man den vorhandenen Raum so gut wie möglich nützt.

ERSTER TEIL

Anfangsstellung (Abb.1)

Stehen Sie aufrecht.
Ihr Geist sollte in sich ruhen und Ihr Körper entspannt sein.
Der Hals sollte gerade sein, aber nicht angespannt, so daß Ihr Kopf aufrecht und zentriert ist, als ob sein oberster Teil durch eine Schnur mit der Decke in Verbindung stünde.
Die Augen blicken geradeaus, sie sind leicht geöffnet.
Die Nase weist nach unten in Richtung Herz.
Der Mund ist locker geschlossen, die Zunge berührt leicht den Gaumen.
Wenn sich Speichel ansammelt, sollte er heruntergeschluckt werden.
Der Kiefer sollte entspannt sein und das Kinn gerade.
Die Schultern sind locker und auf derselben Höhe, die Arme hängen ganz natürlich herunter.

1

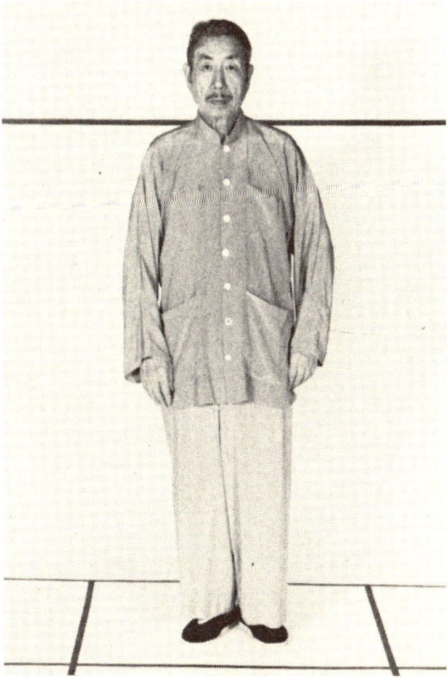

Die Brust ist flach, weder nach vorwärts gestreckt noch eingesunken.
Die Bauchmuskeln sind entspannt, aber der Unterleib sollte nicht übermäßig hervorstehen und so die Wirbelsäule krümmen.
Konzentrieren Sie sich auf das Schwerpunktzentrum des Körpers, ungefähr 10 cm unter dem Nabel.
Dieser Punkt heißt *Tan T'ien*, was soviel bedeutet wie »Feld, auf dem das Elixier wächst«.
Der Atem sollte sich mit Hilfe Ihrer Konzentration an diesem Punkt ansammeln.
Die Hände sollten ganz natürlich zu beiden Seiten des Körpers herunterhängen, die Handflächen weisen dabei nach hinten, die Finger sind leicht voneinander entfernt.
Die Arme sind an den Ellbogen leicht gekrümmt, so daß die Ellbogen 10 bis 15 cm vom Körper entfernt sind, die Hände 3 cm.
Die Beine sollten in Höhe der Knie leicht gebeugt sein.
Die Fersen sollten zusammenstehen, die Zehen nach außen weisen, so daß die beiden Füße einen Winkel von 50 bis 60° bilden.

2

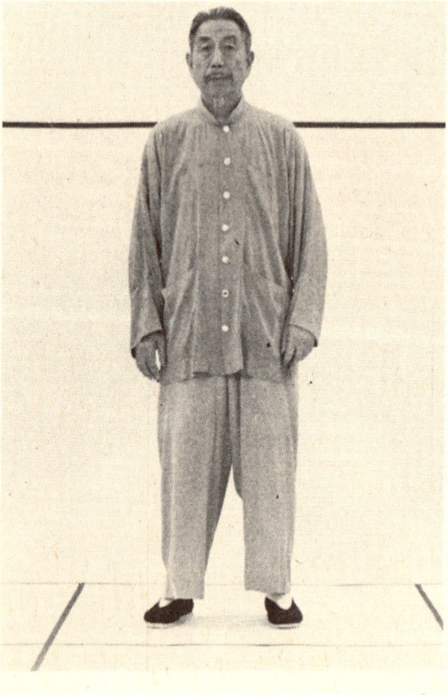

Beginn der T'ai Chi Ch'uan-Form (Abb. 2, 3 und 4)

Verlagern Sie Ihr gesamtes Gewicht auf den rechten Fuß.
Bewegen Sie Ihren linken Fuß vom rechten weg, bis die Füße im Abstand Ihrer Schultern voneinander entfernt sind. Setzen Sie den linken Fuß nieder, so daß er gerade nach vorne weist.
Verlagern Sie das Gewicht auf den linken Fuß, bewegen Sie die rechten Zehen nach innen, so daß der rechte Fuß ebenfalls gerade nach vorne weist.
Verteilen Sie das Gewicht gleichmäßig auf Ihre beiden Füße, die nun nach vorne gerichtet sein sollten, schulterbreit voneinander entfernt.
Heben Sie beide Hände in Schulterabstand nach vorne, die Handflächen nach unten, bis sie leicht über der Schulterebene sind. Strecken Sie gleichzeitig Ihre Beine. Während dieser Bewegung bleiben die Ellbogen entspannt und die Hände gleiten nach oben, als ob sie in Wasser hinaufgetrieben würden.
Lassen Sie die Hände leicht zur Schulterebene hin fallen, während Sie sie zurück zum Körper ziehen. Drücken Sie sie dann noch einmal an Ihrer Körperseite herunter, die Handflächen nach unten. Beugen Sie dann die Knie wieder so wie am Anfang.

3

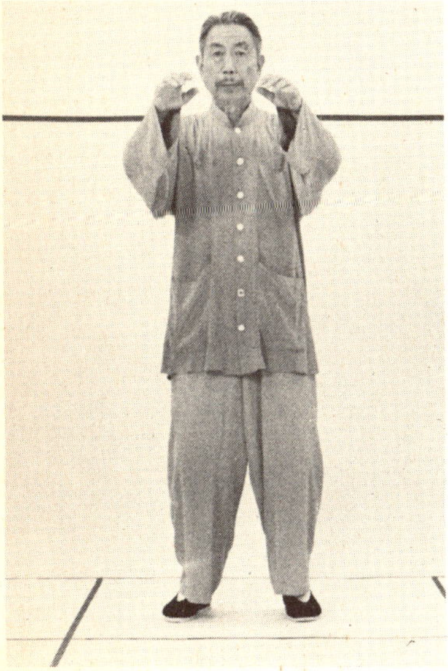

4

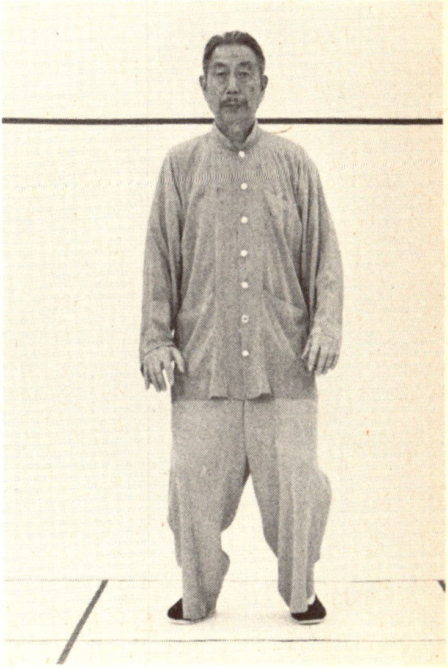

Den Körper nach rechts drehen (Abb. 5)

Verlagern Sie das Gewicht auf das linke Bein und drehen Sie den unteren Teil des Körpers nach rechts. Indem Sie sich drehen:

- heben Sie die rechten Zehen 6cm vom Boden ab und drehen sich auf der *rechten* Ferse, bis der Fuß nach rechts weist, im rechten Winkel zum linken Fuß.
- heben Sie die rechte Hand, indem Sie den Arm vom Ellbogen aus nach oben schwingen, so daß Ellbogen, Hand und Schulter ein Dreieck bilden.
- bewegen Sie die linke Hand zur Vorderseite des Körpers, genau unter den Nabel, wobei die Handfläche nach oben weist.

5

6

Fasse den Vogel beim Schwanz (links) (Abb. 6)

Die Haltung der Arme und Hände gleicht der, in der man einen Vogel halten würde. Die linke Hand ist nach oben gehoben, als ob sie den Hals des Vogels ergriffe, während die rechte schräg nach unten geht, als ob sie sanft über seine Rückenfedern bis hinunter zu seinem Schwanz glitte.
Verlagern Sie Ihr Gewicht auf den rechten Fuß und erlauben Sie ihm, flach auf dem Boden zu bleiben. Drehen Sie Ihren Körper nach links (Norden) und behalten Sie die Handstellungen bei.
Heben Sie während des Drehens Ihre linke Ferse und drehen Sie sich auf Ihren Zehen.
Machen Sie mit Ihrem linken Fuß einen großen Schritt vorwärts. Wenn der Fuß herunterkommt, sollten beide Füße flach auf dem Boden ruhen und einen Winkel von 90° bilden.
Beugen Sie Ihr linkes Bein und verlagern Sie das Gewicht darauf, bis es ungefähr 80 % Ihres Gewichts trägt, das rechte Bein 20 %.
Indem Sie das Gewicht verlagern:

- heben Sie gleichzeitig Ihre linke Hand von unter dem Nabel bis zur Kinnebene, so daß die Hand etwa 45 cm vom Kinn entfernt ist, die Handfläche nach innen weist, der Arm leicht gekrümmt und der Ellbogen etwas unter der Handebene ist.
- lassen Sie gleichzeitig den rechten Arm nach rechts fallen
- wenden Sie sich mit Ihrer Taille nach links und drehen Sie sich auf Ihrer rechten Ferse, bis die Zehen einen Winkel von 45° bilden.

Nach oben stoßen; abwehren; zurückziehen; vorwärts drücken; vorwärts stoßen; nach oben stoßen (Abb.7 und 8)

Verlagern Sie Ihr Gewicht auf Ihr linkes Bein und heben Sie Ihre rechte Ferse. Wenden sie Ihren Unterleib in Richtung Osten, während sich Ihr rechter Fuß auf den Fußspitzen dreht.
Gehen Sie geradeaus mit Ihrem rechten Fuß, wobei die Fußspitzen nach Osten weisen.
Während gleichzeitig das Gewicht sich auf Ihr rechtes Bein verlagert:
- geht Ihre rechte Hand hoch zur Kinnebene, die Handfläche ist nach innen gerichtet.
- berührt Ihre linke Handfläche ganz leicht die rechte
- dreht sich Ihr linker Fuß 45° nach innen.

7

8

Abwehren (rechts) **und zurückziehen** (Abb.9 und 10)

Der Unterkörper rotiert leicht nach rechts (Südosten), während Ihr rechter Arm sich ausstreckt und nach oben geht, wobei die Handfläche fast nach unten weist. Die linke Hand, die dieser Bewegung folgt, kommt nahe an den rechten Ellbogen heran, ihr Inneres ist nach oben zur rechten Handfläche gewandt.
Während Sie Ihr linkes Knie beugen und das Gewicht auf Ihr linkes Bein verlagern, lassen Sie Ihre Hände diagonal und nach unten (Nordwesten) über den Körper fallen, wobei sich die Handflächen einander gegenüber befinden.

9

10

Vorwärts drücken (Abb. 11 und 12)

Während Ihre linke Hand zurückkreist und hinter Ihr linkes Ohr zurückkehrt – das Handinnere blickt nach vorne –, geht Ihre rechte Hand mit der Handfläche nach innen hoch bis zur Kinnebene.
Während die Hände sich zur Vorderseite des Körpers hinbewegen – das linke Handinnere berührt leicht das der rechten Hand –, verlagert sich das Gewicht auf das rechte Bein und stößt die Arme nach vorne (Osten).

11

12

Vorwärts stoßen (Abb.13)

Trennen Sie die Hände im Abstand der Schultern. Verlagern Sie das Gewicht zurück auf das linke Bein, während Sie die Hände zur Schulter ziehen und den Ellbogen zum Unterleib. Verlagern Sie, indem Sie sich nach Osten bewegen, das Gewicht auf das rechte Bein, und stoßen Sie die beiden leicht gebeugten Arme mit nach vorne gerichteten Handflächen vorwärts.

13

Körper drehen und Peitsche (Abb. 14, 15, 16 und 17)

Die Spiralbewegung der linken Hand bei ihrem Strecken nach vorne gleicht dem Bewegen einer Peitsche. Verlagern Sie das Gewicht zurück und auf Ihr linkes Bein, während Ihre Arme mit den leicht gekrümmten Ellbogen und den nach unten weisenden Handflächen parallel auf Schulterebene vor Ihrem Körper gehalten werden. Die Zehen Ihres rechten Fußes weisen nach oben, die Ferse berührt den Boden. Drehen Sie den Unterkörper über dem linken Bein, bis Ihre Hände, die noch immer parallel sind, nach Nordwesten zeigen. Während der Unterkörper sich dreht, dreht sich auch Ihr rechter Fuß auf seinem Absatz.
Bringen Sie die Fußspitzen Ihres rechten Fußes wieder zum Boden, und richten Sie sich nach Norden. Verlagern Sie das Gewicht auf Ihr rechtes Bein, wobei Ihr Unterkörper nach Nordwesten gerichtet ist. Gleichzeitig:

- bewegt sich Ihre linke Hand mit der Handfläche nach oben etwas unter der Taillenebene über den Körper.
- rotiert Ihr rechter Arm wie ein Uhrzeiger auf Schulterebene. Der rechte Arm streckt sich nach rechts, die Finger weisen nach unten, die Fingerspitzen berühren leicht die Daumenspitze. Der Ellbogen zeigt zum Boden.
- dreht sich Ihr linker Fuß auf seinen Zehen, wobei die Ferse etwas angehoben ist. Die Zehen weisen nach Nordwesten.

Machen Sie mit dem linken Fuß einen langen und weiten Schritt nach Westen. Dann, während das Gewicht sich auf Ihr linkes Bein verlagert, schwingt Ihr linker Arm von Ihrer Brust empor, um mit der nach unten gewandten Handfläche und den Fingerspitzen auf Halsebene nach vorne zu drücken. Ihr rechter Fuß dreht sich um 45° nach innen, bis die Fußspitzen nach Nordwesten deuten. Der rechte Arm bleibt auf Schulterhöhe, die Fingerspitzen berühren noch immer den Daumen.

14

15

16
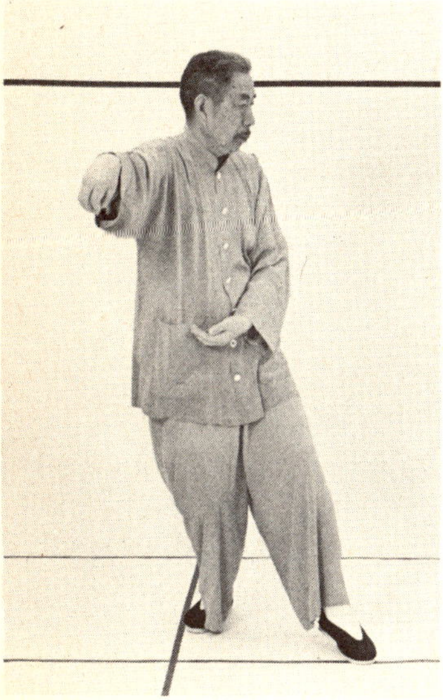

17

Gitarre spielen (rechts) (Abb. 18 und 19)

Drehen Sie, mit dem Schwergewicht noch auf Ihrem linken Bein, Ihren Rumpf nach rechts, bis er nach Norden schaut. Gleichzeitig:

- dreht sich Ihr rechter Fuß auf seinen Zehen.
- breiten sich Ihre Arme nach den Seiten aus, sind die Hände auf Schulterebene, die Handflächen schauen nach vorne, die Ellbogen sind entspannt.

Von dieser Stellung ausgehend bewegt sich Ihr rechter Fuß nach links, bis er auf seiner Ferse leicht vor die Ferse Ihres linken Fußes kommt. Ihr rechtes Knie ist leicht gebeugt. Bringen Sie gleichzeitig Ihre Arme vor Ihrem Unterkörper zusammen. Die Ellbogen sind leicht gekrümmt, die Handflächen stehen einander gegenüber. Ihr rechter Arm streckt sich auf Schulterebene aus, wobei der Ellbogen leicht gekrümmt bleibt. Er befindet sich in einer Linie mit dem rechten Fuß, der auch ausgestreckt ist. Die Handfläche Ihrer linken Hand befindet sich auf derselben Ebene wie Ihr rechter Ellbogen, etwa 15 cm entfernt.

18

19

Zurückziehen (Abb. 20)

Während Sie das Gewicht auf dem linken Bein lassen:

- stellt sich gleichzeitig Ihr rechter Fuß auf seine Fußspitzen, seine Ferse befindet sich bei Ihrer linken Ferse
- bewegen sich Ihre Hände nach unten, zu und entlang dem rechten Oberschenkel, die Handflächen befinden sich ihm gegenüber.

Nach vorwärts gehen und Schulterstoß (Abb. 21)

Gehen Sie mit dem rechten Fuß nach vorne, die Fußspitzen zeigen nach Norden.

Verlagern Sie das Gewicht auf das rechte Bein und währenddessen:

- dreht sich Ihr Rumpf nach Westen, bis Ihre rechte Schulter nach Norden weist;
- bewegt sich Ihre linke Hand hinüber nach rechts, bis sie leicht Ihr rechtes Handgelenk berührt.

20

21

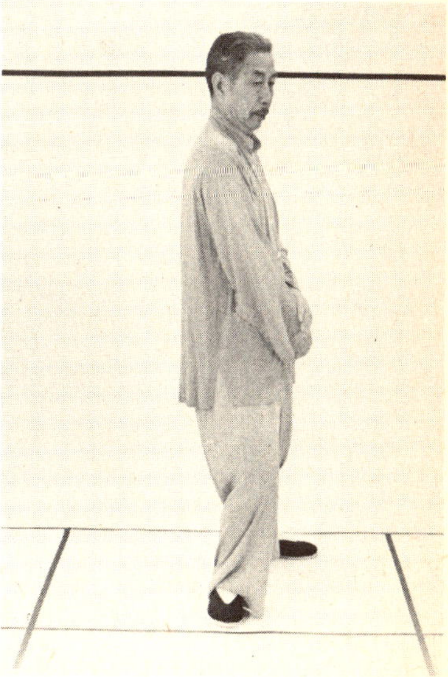

Weißer Kranich breitet Flügel aus (Abb. 22)

Die rechte Hand geht hoch bis vor die Stirn. Sie gleicht dabei der Bewegung eines ruhenden Kranichs, der gerade seine Flügel ausbreitet. Der linke Fuß ist leicht, das Gewicht ruht fast völlig auf dem rechten, was auch die Gewohnheit des Kranichs ist, der, während er ruht, auf einem Bein steht.

Mit dem Gewicht auf dem rechten Bein:

- richten Sie sich langsam auf, indem Sie das rechte Bein strecken. Bewegen Sie Ihren linken Fuß nach innen zu Ihrem rechten Fuß hin und bringen Sie die Fußspitzen leicht und in einer Linie mit Ihrer rechten Ferse auf den Boden.
- streift Ihre linke Hand Ihren linken Oberschenkel und gelangt zur linken Seite Ihres Körpers, die Handfläche ist dabei nach hinten gerichtet;
- geht Ihre rechte Hand nach oben zur rechten Seite der Stirne, wobei der Ellbogen gekrümmt ist, der Daumen in Richtung Ihres rechten Auges, die Handfläche nach unten gerichtet ist.

22

Das Knie streifen (links) **und nach vorne stoßen** (Abb. 23 und 24)

Während Ihr Gewicht noch immer auf dem rechten Bein ruht, senken Sie sich leicht, indem Sie Ihr rechtes Knie beugen. Gleichzeitig, während Sie sich senken:

- kommt Ihr rechter Arm mit der Handfläche nach oben herunter neben Ihren rechten Oberschenkel;
- bewegt sich Ihr linker Arm nach oben, kreist um den Körper und gelangt zur rechten Seite Ihrer Brust, die Handfläche nach unten gerichtet, gegenüber dem rechten Handinnern;
- bewegt sich Ihre rechte Hand hinauf hinter das rechte Ohr, die Handfläche weist nach unten, die Finger nach Westen, als ob sie nach dem Hals eines Gegners ausgestreckt wären.

23

24

Gitarre spielen (links) (Abb. 25)

Diese Bewegung ist das Spiegelbild des Rechts-Gitarre-Spielens.
Verlagern Sie mehr Gewicht auf Ihr linkes Bein und machen Sie einen kleinen Schritt mit dem rechten Fuß, bewegen Sie ihn leicht nach links. Ihre Zehenspitzen berühren den Boden zuerst und weisen nach Norden.
Verlagern Sie das Gewicht auf das rechte Bein und gleichzeitig:

- bewegt sich Ihr linker Fuß nach innen zum rechten Fuß, bis er zur Ferse kommt. Ihr linkes Knie ist leicht vor der Ferse Ihres rechten Fußes gebeugt;
- ist Ihre linke Hand auf Schulterebene und Ihr linker Ellbogen ist leicht gebeugt;
- befinden sich die Handflächen einander gegenüber;
- strecken sich Ihr linker Fuß und Ihre linke Hand weiter nach vorne als der rechte Fuß und die rechte Hand;
- ist Ihre rechte Handfläche in einer Entfernung von ungefähr 15 cm auf derselben Ebene wie der Ellbogen Ihres linken Arms.

25

Das Knie streifen (links) **und nach vorne stoßen**

Diese Bewegung wiederholt im Grunde die, die in Abb. 23 und 24 gezeigt wurden. Ihr linker Arm kreist vor Ihrem Körper nach unten und streift, während Sie mit dem linken Fuß nach Westen gehen, das linke Knie mit dem Handinnern.
Während Sie das Gewicht auf Ihr linkes Bein verlagern, kommt Ihre rechte Hand an Ihrem rechten Ohr vorbei, die Handfläche weist nach unten und bewegt sich mit den Fingerspitzen auf Halsebene nach vorne.

Schritt vorwärts und Fauststoß (Abb. 26, 27 und 28)

Verlagern Sie Ihr Gewicht zurück auf Ihr rechtes Bein, gleichzeitig:

- geht Ihre rechte Hand entlang dem rechten Oberschenkel nach unten, die Handfläche ist nach hinten gerichtet;
- richten sich die Zehen Ihres rechten Fußes auf, die Ferse bleibt am Boden!

Drehen Sie die linken Fußspitzen leicht nach außen, bringen Sie sie auf den Boden herunter und verlagern Sie das Gewicht auf Ihr linkes Bein.
Gehen Sie mit dem rechten Bein nach Westen und setzen Sie Ihren Fuß mit den Fußspitzen nach Nordwesten nieder. Während das Gewicht sich auf das rechte Bein verlagert, wird der rechte Arm am Ellbogen gebeugt und die rechte Hand wird auf die Höhe des Ellbogens gebracht. Während die Hand nach oben geht, ist sie zur Faust geballt.
Treten Sie auf den linken Fuß, die Fußspitzen zeigen dabei genau nach Westen.
Ihr linker Arm bewegt sich auf Brusthöhe über den Rumpf. Verlagern Sie das Gewicht nach vorne auf Ihr linkes Bein. Während sich das Gewicht verlagert, bewegt sich Ihre rechte, zur Faust geballte Hand stoßartig genau nach Westen.

26

27

28

Zurückziehen und vorwärts stoßen (Abb. 29, 30 und 31)

Verlagern Sie das Gewicht zurück auf das rechte Bein, während zur selben Zeit:

- Ihre linke Hand sich unter Ihren rechten Ellbogen bewegt und dabei, während sie unter Ihren rechten Unterarm gleitet, mit dem Handrükken nach vorne und außen stößt.
- Ihr rechter Arm zurück zur Brust gezogen wird und sich gleichzeitig Ihre Faust öffnet.

Während das Gewicht sich weiter auf das rechte Bein verlagert, trennen sich die Hände und bewegen sich auf die Schulter zu, die Handflächen sind dabei nach Westen gerichtet. Verlagern Sie das Gewicht nach vorne auf das linke Bein, und drücken Sie mit den getrennten Armen nach Westen und leicht nach oben.

29

30

31

Hände kreuzen (Abb. 32, 33 und 34)

Verlagern Sie das Gewicht zurück auf Ihr rechtes Bein. Gleichzeitig, nach Norden gewandt:

- heben Sie Ihre linke Fußspitze;
- strecken Sie beide Arme und bringen Sie sie fast gerade über Ihrem Kopf nach oben;

Drehen Sie den Rumpf, bis Sie nach Norden blicken. Während des Drehens:

- folgen Ihre Arme dem Rumpf, Ihr rechter Arm kreist weit wie ein Uhrzeiger, Ihr linker kreist gleichzeitig in die entgegengesetzte Richtung;
- dreht sich Ihr linker Fuß auf seinem Absatz, bis die Fußspitzen nach Norden deuten.

Verlagern Sie den Großteil des Gewichts auf Ihr linkes Bein, während Ihre Hände weiter auf und ab kreisen, bis sie zu einem Kreuz an den Handgelenken vor Ihrer Brust kommen. Die Handflächen weisen zur Brust, die linke ist ihr näher. Gleichzeitig:

- bewegen Sie Ihren rechten Fuß, bis er parallel zu Ihrem linken und schulterbreit von ihm entfernt ist;
- lassen Sie Ihr Gewicht gleichmäßig auf beiden Beinen ruhen und beugen Sie Ihre Knie leicht.

32

33

34

Ende des ersten Teils

Wenn Sie mit dem zweiten Teil der Form fortfahren, sollten Sie die nachfolgende Bewegung auslassen und direkt vom Händekreuzen zum »Tiger zum Berg bringen« übergehen. Wenn Sie nur den ersten Teil ausführen wollen, beenden Sie die Übung folgendermaßen:
Indem Sie Ihre Knie leicht gebeugt halten, lassen Sie Ihre Hände von der gekreuzten Stellung zu Ihren Seiten herunterfallen.
Lassen Sie Ihre Arme in einer Kreisbewegung nach oben kommen und drücken Sie sie dann hinunter, während Sie die Beine an den Knien erst lockern, dann krümmen, genau wie in der allerersten Übung der Form.

Den Tiger zum Berg bringen (Abb. 35 und 36)

Der zweite Teil beginnt mit dieser Bewegung, welche direkt auf das Händekreuzen am Ende des ersten Teils folgt.
Die gekreuzten Hände scheinen den Tiger zu umfassen, der dann mit einem Drehen und einem Schritt hinauf zum Berg geführt wird.
Drehen Sie sich mit dem Gewicht auf dem linken Bein nach rechts und machen Sie mit dem rechten Fuß einen großen Schritt nach Südosten.
Während Ihr Gewicht sich auf Ihr rechtes Bein verlagert:

- fällt Ihr rechter Arm herunter, die Hand an der Innenseite Ihres rechten Knies. Der Handrücken dreht sich über das Knie, bis er sich auf der rechten Seite vom Knie und leicht darüber befindet, die Handfläche weist nach oben;
- fällt Ihr linker Arm zurück und kreist dann nach oben und kommt am linken Ohr vorbei, die Fingerspitzen bewegen sich auf Halsebene nach vorne;
- dreht sich der linke Fuß auf seinem Absatz, bis die Fußspitzen nach Nordosten zeigen.

35

36

Am Ende dieser Bewegung ist das rechte Knie gebeugt, das Innere der linken Hand weist nach unten, Ihre Finger befinden sich auf Höhe der Ohren, die rechte Handfläche weist nach oben. Beide Hände scheinen einen großen Ball zu halten.

Zu Seite 80 u. 81:

Zurückziehen; vorwärts drücken; vorwärts stoßen; den Körper drehen; Peitsche (Abb.37, 38, 39, 40, 41, 42, 43 und 44)

Diese Folge von Stellungen wiederholt die im ersten Teil beschriebenen Bewegungen. Diesmal werden sie jedoch diagonal oder entlang einer Nordwest-Südost-Linie ausgeführt.
Zu Beginn der Zurückziehstellung rollen die Hände einen imaginären Ball in einer dem Uhrzeigersinn entgegengesetzten Richtung, bis die linke Hand unter dem Ball und die rechte darüber ist. Während das Gewicht sich auf das linke Bein verlagert, kommen die Arme an der linken Seite Ihres Körpers herunter, wie bei der früheren Zurückziehstellung.

37

38

39

40

41

42

43

44

Faust unter Ellbogen (Abb. 45, 46, 47 und 48)

Verlagern Sie Ihr Gewicht zurück auf das rechte Bein. Indem Sie mit Ihrem linken Bein nach Westen gehen (die Fußspitzen schauen nach Südwesten), schwingt Ihr linker Arm waagerecht auf Schulterebene nach links, die Handfläche ist nach unten gerichtet. Die Bewegungen von Arm und Bein verlaufen parallel zueinander.
Verlagern Sie Ihr Gewicht auf das linke Bein und machen Sie einen halben Schritt mit dem rechten Fuß nach Westen (die Fußspitzen weisen nach Nordwest).
Gleichzeitig:

- schwingt Ihre rechte Hand mit der Handfläche nach oben auf Schulterebene nach links;
- kreist Ihr linker Arm hinunter zur Seite Ihres Körpers.

45

46

Verlagern Sie Ihr Gewicht wieder auf das rechte Bein, krümmen Sie das rechte Knie und gleichzeitig:

- bewegen Sie Ihr linkes Bein nach rechts, der Fuß bleibt dabei auf seiner Ferse, die Zehen weisen nach Westen und nach oben;
- bringen Sie Ihren linken Arm nach oben, über Ihr linkes Bein. Der Arm ist am Ellbogen gekrümmt, letzterer weist hinunter auf Ihr Knie und bildet einen 45°-Winkel, die Hand befindet sich auf Knieebene, die Handfläche weist nach Norden;
- bewegen Sie Ihren rechten Arm über die Vorderseite Ihres Körpers und machen Sie mit Ihrer rechten Hand unter Ihrem linken Ellbogen eine Faust.

47

48

Zurückgehen und Affen abwehren (links) (Abb. 49 und 50)

Diese Bewegung ist sehr nützlich zur Selbstverteidigung in einer Situation, die einen Rückzug mit sich bringt. Während man zurückgeht, hält die rechte Hand den Arm des Affens, während die linke sein Gesicht schlägt. Der vordere Fuß ist leicht, es ruht wenig Gewicht auf ihm, so daß er fähig ist, entweder zuzustoßen oder zurückzugehen.

Während der rechte Arm langsam zur rechten Seite des Körpers fällt, weist die Handfläche nach vorne (Westen) und leicht nach oben.

Gleichzeitig:

- geht Ihr linker Arm nach oben, kommt an Ihrem linken Ohr vorbei, die Fingerspitzen drücken auf Augenhöhe nach vorne, der Ellbogen ist leicht gekrümmt;
- fällt Ihr rechter Arm langsam an der rechten Seite Ihres Körpers nach unten, die Handfläche zeigt nach Westen und leicht nach oben;
- geht der rechte Fuß mit den Fußspitzen zuerst zurück. Verlagern Sie Ihr Gewicht allmählich auf das rechte Bein, während die Spitzen Ihres linken Fußes nach Westen deuten. Die linke Fußsohle bleibt locker auf dem Boden.

49

Zurückgehen und Affen abwehren (rechts)

Drehen Sie Ihren Unterkörper nach rechts und wiederholen Sie die kreisende Bewegung Ihres Arms, indem Sie mit dem linken Fuß, wie zuvor beschrieben, nach vorne gehen.

50

Schräges Fliegen (Abb. 51)

Die Bewegung der rechten Hand schräg nach rechts oben gleicht dem Flug eines Vogels.
Lassen Sie Ihre rechte Hand über den linken Oberschenkel fallen.
Die linke Hand kreist nach oben, dann nach unten und kreuzt dabei die rechte Hand.
Drehen Sie Ihren Unterkörper nach rechts und machen Sie mit dem rechten Fuß einen großen Schritt nach rechts (135°-Winkel) in Richtung Nordosten.
Gleichzeitig, während Sie Ihren Unterkörper drehen:

- bewegt sich Ihr rechter Arm diagonal über die Vorderseite des Körpers nach oben, das Handinnere geht schräg nach oben auf Schläfenhöhe;
- verlagert sich Ihr Gewicht auf das rechte Bein, während der linke Fuß sich auf seinem Absatz dreht, bis die Fußspitzen nach Nordwesten zeigen;
- fällt der linke Arm zur Seite und die linke Hand streift über das linke Knie.

51

Gitarre spielen (rechts)

Mit dem Großteil Ihres Gewichts auf dem rechten Bein, bringen Sie Ihren linken Fuß, indem Sie seine Zehen leicht nach außen drehen und sich mit der Ferse auf dem Boden drehen, in die richtige Stellung.
Verlegen Sie Ihr Gewicht auf das linke Bein und wiederholen Sie die Bewegung, wie im ersten Teil beschrieben.

Zurückziehen, vorwärts gehen und Schulterstoß

Wiederholen Sie die Bewegung, wie im ersten Teil beschrieben.

Weißer Kranich breitet Flügel aus

Wiederholen Sie die Bewegung, wie im ersten Teil beschrieben.

Knie streifen und vorwärts stoßen (links)

Wiederholen Sie die Bewegung, wie im ersten Teil beschrieben.

Nadel auf Meeresgrund (Abb. 52)

Der Bereich genau unter dem Nabel, wo sich der Atem sammelt, wird »Meer des Atems« genannt. Bei dieser Bewegung gehen die Hände unter dieses Meer zu dem Bereich zwischen den beiden Knien. Die rechte Hand streckt sich ganz natürlich aus und gleicht einer Nadel. Die linke Hand, die leicht auf dem rechten Handgelenk ruht, scheint an der Nadel festzuhalten. Verlagern Sie Ihr Gewicht auf Ihr linkes Bein und machen Sie mit dem rechten Fuß einen kleinen Anpassungsschritt nach links (Süden). Die Ferse des rechten Fußes sollte fast hinter Ihrer linken Ferse sein, und die Fußspitzen des rechten Fußes sollten jetzt nach Nordwesten zeigen.
Verlagern Sie Ihr Gewicht auf den rechten Fuß und gleichzeitig, während Sie Ihr linkes Bein beugen und dabei den Körper nach unten sinken lassen:

- setzen Sie den linken Fuß etwa 20 cm vor der rechten Ferse auf die Fußspitzen, wobei diese nach Westen zeigen;
- strecken Sie den rechten Arm und lassen ihn mit der Handfläche nach Südwesten sinken;
- folgen Sie dieser Abwärtsbewegung mit der linken Hand, welche dabei über dem rechten Handgelenk liegt.

Während Ihr Körper weiter nach unten sinkt, lassen Sie beide Hände hinunter zu Ihrem rechten Knie fallen, wobei die linke Hand noch leicht das rechte Handgelenk berührt.

52

Mit den Armen Fächer spielen (Abb. 53)

Die beiden Arme sind getrennt und gleichen einem zusammenfaltbaren chinesischen Fächer, der geöffnet wird. Richten Sie den Körper auf und gehen Sie mit dem linken Fuß nach vorne (Westen) und zur Seite, die Zehen zeigen geradeaus nach Westen. Während Sie Ihren Körper aufrichten und Ihr Gewicht sich auf das gebeugte linke Bein verlagert, werden die Hände wie die beiden Seiten eines chinesischen Fächers ausgebreitet.

Gleichzeitig:

- dreht sich Ihr Unterkörper leicht nach rechts (Nordwesten);
- bewegt sich Ihr linker Arm in einem Bogen nach vorwärts, die Handfläche weist dabei nach Westen, und die Fingerspitzen sind so ausgerichtet, als schlügen sie auf den Solarplexus eines imaginären Gegners ein;
- kommt Ihr rechter Handrücken leicht nach vorne, hinter Ihr rechtes Ohr, die Handfläche zeigt nach Westen und leicht nach oben.

53

Körperdrehen und Faust in den Rücken schlagen (Abb. 54)

Verlagern Sie das Gewicht auf Ihr rechtes Bein; drehen Sie Ihren Oberkörper nach rechts, bis er nach Norden weist und Ihr rechter Ellbogen nach Osten.

Gleichzeitig, während sich Ihr Oberkörper dreht:

- dreht sich Ihr linker Fuß auf seiner Ferse, bis die Fußspitzen nach Norden zeigen;
- bildet Ihre rechte Hand eine Faust und bewegt sich Ihr rechter Vorderarm nach außen zu Ihrer Körperseite hin (nach Osten).
  Ihr Handrücken blickt nach Osten (als ob Sie auf den Kopf eines Gegners schlagen würden)
- fällt Ihr linker Arm zur Seite Ihres Körpers herunter.

54

Vorwärts gehen und Fauststoß (Abb. 55)

Verlagern Sie Ihr Gewicht auf das linke Bein, während Ihr rechter Arm an der Seite Ihres Körpers herunterkommt.
Drehen Sie Ihren rechten Fuß auf seinem Absatz, bis seine Fußspitzen nach Südosten schauen, während Ihre rechte Faust nach oben gelangt und auf Taillenebene nach rechts schwingt. Gehen Sie mit dem linken Fuß nach Osten und gleichzeitig:

- stoßen Sie mit Ihrer rechten Faust;
- bringen Sie Ihre linke Hand über den mittleren Teil Ihres rechten Vorderarms, der sich nach Osten bewegt.

55

Den Tiger schlagen (links) (Abb. 56 und 57)

Die zwei Fäuste scheinen den Tiger an zwei Stellen auf einmal zu schlagen. Die obere landet an der Seite des Kopfes, während die untere auf seine Rippen trifft. Kreisen Sie mit Ihrem rechten Arm nach oben und außen, und öffnen Sie Ihre Faust, so daß die rechte Handfläche nach unten weist. Gleichzeitig wenden Sie Ihr linkes Handinneres nach oben.
Gehen Sie mit Ihrem linken Bein zurück und setzen Sie Ihren Fuß so auf, daß die Fußspitzen nach Nordosten deuten. Verlagern Sie Ihr Gewicht auf das linke Bein, während Sie zu gleicher Zeit den Körper nach links drehen, und schleudern Sie Ihre Arme diagonal vor Ihrem Körper nach unten, während Ihr rechter Fuß mit den Fußspitzen nach Südosten flach auf dem Boden steht.
Verlagern Sie Ihr Gewicht auf das rechte Bein, und gehen Sie mit dem linken Fuß nach vorne, so daß die Fußspitzen direkt nach Osten weisen. Bringen Sie gleichzeitig beide Arme in einer kreisförmigen, uhrzeigerähnlichen Bewegung nach oben, die Handflächen weisen dabei nach Osten. Während die Arme kreisen, bilden die Hände Fäuste, und das Gewicht verlagert sich allmählich auf den linken (vorderen) Fuß. Die Fäuste halten nun inne, so daß die linke die Schläfe, die rechts den unteren Teil der Rippen eines imaginären Gegners trifft.

56

57

Den Tiger schlagen (rechts) (Abb. 58 und 59)

Diese Bewegung wiederholt die vorige, aber in entgegengesetzter Richtung. Der einzige Unterschied ist, daß, während das Gewicht sich auf das hintere (rechte) Bein verlagert, der linke Fuß sich nach außen drehen muß, wobei er sich auf seiner Ferse dreht, bis die Fußspitzen nach Nordosten weisen.

58

59

Mit den Fußspitzen schlagen (Abb. 60)

Öffnen Sie die Fäuste und kreisen Sie mit den Armen nach unten und außen. Während Ihre Arme die Kreisbewegung fortsetzen:

- ziehen Sie Ihren rechten Fuß zurück und berühren den Fußboden leicht mit den Zehen;
- kreuzen Sie die Hände an den Handgelenken vor Ihrer Brust. Beide Handflächen befinden sich gegenüber Ihrer Brust, die linke ist ihr etwas näher.

Mit den immer noch vor Ihrer Brust gekreuzten Händen lassen Sie Ihre Vorderarme kreisen, bis beide Handflächen von Ihrer Brust weg weisen (nach Osten). Während Sie Ihre Arme mit den Händen auf Schulterebene ausstrecken, die Ellbogen leicht gebeugt sind und die Handflächen immer noch nach vorne zeigen:

- heben Sie Ihr rechtes Bein und stoßen nach vorne (Osten) und oben; der Oberschenkel befindet sich in der Waagerechten, das Knie ist gebeugt und bildet einen 135°-Winkel.

Während Ihr rechter Fuß sich nach hinten entspannt und der Oberschenkel immer noch waagerecht ist, bildet das Knie einen 90°-Winkel, und die Fußspitzen weisen nach unten;

- bilden beide Hände Fäuste, bewegen sich nach innen und streifen entlang der Knöchel zu jeder Seite des gebeugten Knies nach unten.

60

Die Ohren des Gegners mit Fäusten schlagen (Abb. 61 und 62)

Während Sie mit dem rechten Fuß nach vorne gehen (Osten):

- fahren die Arme in ihrer Bewegung nach unten und außen fort.

Verlagern Sie das Gewicht auf Ihr linkes Bein und drehen Sie Ihren Unterkörper nach links, bis Sie nach Norden blicken. Gleichzeitig:

- drehen Sie sich mit Ihrem rechten Fuß auf dem Absatz, bis die Zehenspitzen nach Norden weisen;
- entspannen Sie die Fäuste und kreisen mit den Händen nach unten und außen.

Während Ihre Hände die Kreisbewegung fortsetzen und langsam nach oben kommen, bis sich die Handgelenke auf Brustebene kreuzen:

- verlagern Sie das Gewicht auf Ihr rechtes Bein;
- drehen Sie sich mit dem linken Fuß auf den Fußspitzen, bis sie nach Nordwesten schauen.

Am Ende dieser Bewegung sind die Handflächen zur Brust gewandt, die linke ist ihr näher, und die Fingerspitzen beider Hände berühren fast die Schultern. Während Sie den Unterkörper weiter nach links drehen (nach Nordwesten):

- stoßen Sie mit der linken Ferse nach oben und nach Westen;
- bewegen Sie Ihre linke Hand nach Westen, über das Knie, mit der Handfläche leicht nach unten;
- bewegen Sie Ihre rechte Hand nach oben, um die rechte Schläfe zu beschützen, die Handfläche zeigt nach Nordwesten und leicht nach unten.

61

62

Den Körper drehen und stoßen (Abb. 63 und 64)

Verlagern Sie das Gewicht auf Ihr rechtes Bein und drehen Sie Ihren Oberkörper nach links in Richtung Norden, während Sie gleichzeitig:

- Ihren rechten Fuß auf dem Absatz drehen, bis die Fußspitzen nach Norden schauen;
- die Fäuste entspannen und die Hände nach unten und außen kreisen lassen.

Während Ihre Hände die Kreisbewegung fortsetzen und langsam nach oben kommen, bis die Handgelenke auf Brustebene sind:

- Verlagern Sie das Gewicht auf Ihr rechtes Bein;
- drehen Sie den linken Fuß auf seinen Fußspitzen, bis sie nach Nordwesten zeigen.

Am Ende dieser Bewegung sind die Handflächen zur Brust gewandt, das linke Handinnere ist der Brust näher, die Fingerspitzen beider Hände berühren fast die Schultern.

Während Sie den Oberkörper weiter nach links drehen (wobei Sie nach Nordwesten blicken):

- Stoßen Sie mit dem linken Absatz nach oben und nach Westen;

63

- bewegen Sie Ihre linke Hand nach Westen über das Knie, mit dem Handinneren leicht nach unten;
- bewegen Sie Ihre rechte Hand nach oben, um die rechte Schläfe zu beschützen, wobei das Handinnere nach Nordwesten und leicht nach unten gerichtet ist.

Knie vorne streifen und stoßen (links)

Gehen Sie mit dem linken Fuß nach vorne, die Fußspitzen blicken nach Westen.
Streifen Sie das Knie mit der linken Hand und stoßen Sie mit der rechten nach vorne.
Dies ist eine Wiederholung der im ersten Teil beschriebenen Bewegung.

64

Hände wie Wolken schwenken (rechts) (Abb. 65, 66 und 67)

Mit dem Gewicht auf dem linken Bein drehen Sie den linken Fuß auf seinem Absatz nach rechts, bis die Fußspitzen nach Norden zeigen. Gleichzeitig, während Ihr Unterkörper sich nach rechts dreht:

- verlagern Sie Ihr Gewicht auf das rechte Bein;
- drehen Sie den linken Fuß auf seiner Ferse und richten Sie die Fußspitzen nach Norden.

Während Sie den Unterkörper nach rechts drehen, folgen die Arme der Drehbewegung:

- die linke Hand bewegt sich mit der Handfläche nach oben über die Vorderseite des unteren Teils des Rumpfes;
- die rechte Hand wird zur Schulterebene gezogen, die Handfläche schaut nach unten, der Vorderarm ist schräg und der Ellbogen weist zum Boden.

65

Bringen Sie Ihren linken Fuß nach vorne (Norden), so daß er parallel zu Ihrem rechten ist. Der Abstand zwischen den Füßen sollte etwas größer sein als die Breite der Schultern. Das Gewicht sollte immer noch auf dem rechten Bein sein. Wenn sich Ihr Unterkörper so weit wie möglich nach rechts gedreht hat:

- drehen Sie Ihren rechten Vorderarm nach außen, das Innere der rechten Hand schaut dabei nach Osten, die Fingerspitzen ebenfalls.

Während das Gewicht sich nach links verlegt, dreht sich der Körper von der Taille aus ebenfalls nach links. Gleichzeitig wechseln die Arme:

- der rechte Arm bewegt sich über den unteren Teil des Rumpfes mit der Handfläche nach oben hinunter;
- der linke Arm bewegt sich nach oben und hinüber zur linken Seite, während sich der Körper dreht.

Von rechts nach links wechselnd führt man diese Bewegung dreimal aus. Wiederholen Sie die Bewegung »Peitsche«, wie im ersten Teil beschrieben.

66

67

Schlange kriecht herunter (Abb. 68)

Mit dem Gewicht auf dem linken Bein drehen Sie Ihren rechten Fuß auf dem Absatz, bis die Fußspitzen nach Norden schauen.
Verlagern Sie das Gewicht auf das rechte Bein.
Gehen Sie mit Ihrem Körper über Ihrer rechten Ferse herunter, bis Sie fast auf ihr sitzen.
Gleichzeitig:

- dreht sich Ihr linker Fuß auf dem Absatz nach innen, bis die Fußspitzen nach Nordwest schauen;
- bleibt Ihr rechter Arm in der Peitschenhaltung (wobei die Finger den Daumen berühren, der Arm aber am Ellbogen gestreckt bleibt)
- bewegt sich Ihre linke Hand nach unten, wobei sie an der Innenseite des Unterschenkels vorbeikommt und über die Wade hinaus weitergeht.

Während sich die linke Hand weiter entlang der linken Wade bewegt, beginnen Sie mit einem Aufwärtsschwung und:

- drehen die Zehen des linken Fußes nach vorne (Westen);
- verlagern Ihr Gewicht nach vorne auf das linke gekrümmte Bein.

Strecken Sie das linke Bein, um Ihren Körper aufzurichten, während gleichzeitig:

- Ihr linker Arm seine Aufwärtsbewegung fortsetzt, wobei die Handfläche nach Norden weist;
- Ihr rechter Fuß sich auf dem Absatz dreht, bis die Fußspitzen nach Nordwesten blicken;
- Ihr rechter Arm an der rechten Seite Ihres Körpers nach unten kommt.

68

Goldener Hahn auf einem Bein (rechts) (Abb. 69 und 70)

Bewegen Sie den rechten Arm und das rechte Knie gleichzeitig in einer Angriffsstellung nach oben. Zur selben Zeit finden folgende Bewegungen statt:

- der rechte Arm bewegt sich nach oben und bildet am Ellbogen einen spitzen Winkel; die Hand befindet sich auf der Ebene der Nase, die Handfläche weist nach Süden;
- das rechte Knie geht nach oben und bildet einen rechten Winkel; der Oberschenkel befindet sich in der Waagerechten, die Fußspitzen weisen nach unten, das Knie zeigt nach Westen;
- der linke Arm fällt zur linken Seite des Körpers herunter.

69

70

Goldener Hahn auf einem Bein (links) (Abb. 71)

Gehen Sie mit dem rechten Fuß zurück, die Fußspitzen zeigen nach Nordwesten. Verlagern Sie Ihr Gewicht auf das rechte Bein. Ihr rechter Ellbogen bleibt gebeugt, Ihre rechte Hand befindet sich auf Schulterhöhe, die Zehen des linken Fußes heben vom Boden ab.
Folgen Sie nun der Beschreibung für die vorige Übung, wechseln Sie dabei nur die Seiten.

71

Hoher Schlag aufs Pferd (rechts) (Abb. 72)

Eine Hand bewegt sich nach oben und scheint auf den Rücken des Pferdes zu klopfen, während die andere an den Leib faßt.
Gehen Sie mit dem linken Fuß zurück, die Fußspitzen schauen nach Westen. Verlagern Sie nun Ihr Gewicht auf das linke Bein. Zur selben Zeit geschieht Folgendes:

- Ihr linker Ellbogen bewegt sich nach der linken Seite Ihres Rumpfes bis zur Taille. Die linke Hand ist auf Taillenhöhe, die Fingerspitzen weisen nach Nordwesten, die Handfläche nach oben;
- Ihre rechte Hand bewegt sich mit der Handfläche nach unten leicht über die linke Handfläche und zurück über Ihren linken Vorderarm.

Verlagern Sie Ihr Gewicht auf das rechte Bein und bewegen Sie Ihren Rumpf und Ihre Arme gleichzeitig schräg nach Nordwesten, wobei die Hand nach oben geht. Gleichzeitig:

- gleitet Ihre rechte Hand mit dem Handinneren immer noch nach unten über das Handinnere der linken Hand und gelangt auf Halshöhe. Ihr rechter Ellbogen ist leicht gebeugt;
- gelangt Ihre linke Hand, mit dem Handinneren noch immer nach oben, auf Brusthöhe, in einer Linie mit dem rechten Ellbogen.

72

Die Füße trennen und stoßen (rechts) (Abb. 73)

Verlagern Sie Ihr Gewicht zurück auf das linke Bein und lassen Sie beide Hände zurück und entlang der linken Seite Ihres Rumpfes herunterfallen. Dann, mit dem Gewicht immer noch auf dem linken Bein:

- bewegt sich Ihr linker Arm nach oben und dreht sich, bis die linke Hand auf Kinnebene kommt und mit dem Handinneren weg vom Gesicht weist;
- bewegt sich Ihre rechte Hand nach oben, bis Ihr Handgelenk sich mit dem Handgelenk der linken Hand überkreuzt. Das rechte Handgelenk befindet sich vor dem linken. Das Handinnere der rechten Hand ist ebenfalls nach außen gedreht.

Stoßen Sie mit den rechten Fußspitzen auf Schienbeinebene nach Nordwesten und halten Sie die Fußsohle parallel zum Boden.
Gleichzeitig:

- gleitet Ihr rechter Vorderarm über Ihr stoßendes rechtes Bein nach vorne (Nordwesten); die rechte Hand ist jetzt auf Brustebene, das Handinnere weist nach Südwesten;
- gleitet Ihre linke Hand etwas hinter dem linken Ohr hinauf auf Schläfenhöhe, das Handinnere weist nach Westen.

73

Hoher Schlag aufs Pferd (links) (Abb. 74)

Diese Bewegung ist das Spiegelbild von »Hoher Schlag aufs Pferd (rechts)«. Sie wird ebenso ausgeführt, außer daß links und rechts ausgewechselt sind.

74

Die Füße trennen und stoßen (Abb. 75, 76 und 77)

Bewegen Sie Ihre linke Ferse nach oben neben Ihre obere innere Wade, so daß Ihr linkes Knie nach Südwesten blickt.
Gleichzeitig:

- bewegt sich Ihr linker Arm über Ihren Rumpf nach rechts, die linke Handfläche ist dem Körper zugewandt und leicht unter der Taillenhöhe;
- ist Ihr rechter Vorderarm ausgestreckt (Norden) und geht nach unten, wobei sich die Hand etwas über der Taillenhöhe befindet, das Handinnere ist nach Westen geöffnet.

Schwingen Sie Ihren rechten Arm in einer weiten, kreisförmigen Bewegung nach links. Drehen Sie Ihren Körper in einer halben Drehung ebenfalls nach links, bis Ihr Rumpf und die rechten Zehenspitzen nach Südosten blicken. Ihr linkes Knie zeigt nach Osten. Stoßen Sie mit der linken Ferse auf Taillenhöhe nach Süden, während gleichzeitig:

- Ihre rechte Hand sich nach oben bewegt, um die rechte Schläfe zu beschützen, wobei die Handfläche nach Süden weist;
- Ihr rechter Vorderarm nach Osten schlägt, wobei die Handfläche nach Süden weist und der Ellbogen fast den linken Oberschenkel berührt.

75

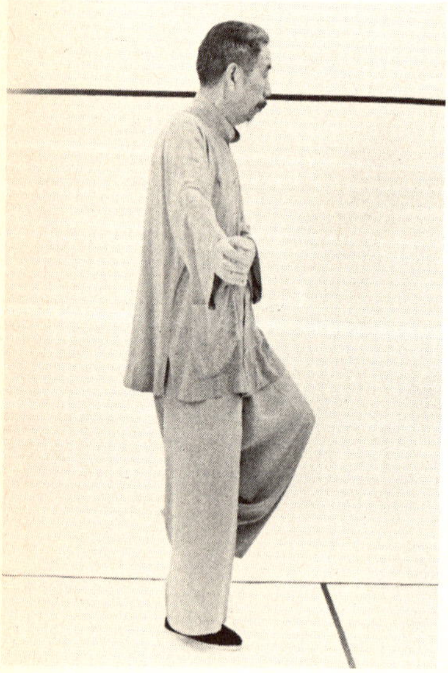

76

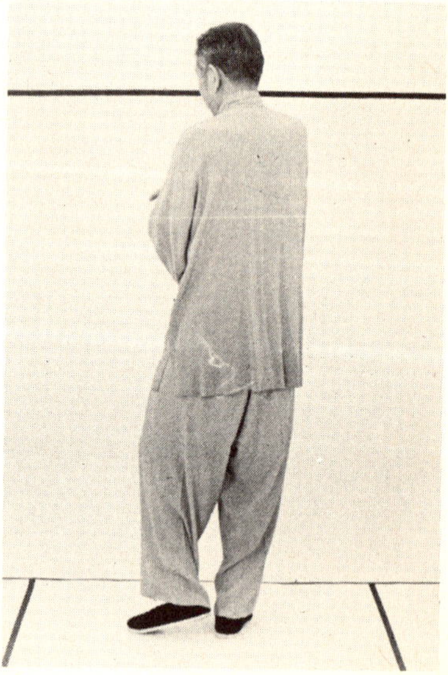

Knie streifen und stoßen (links)

Wiederholen Sie die Bewegung so, wie sie im ersten Teil beschrieben ist.

77

Knie streifen und stoßen (rechts) (Abb. 78)

Verlagern Sie Ihr Gewicht zurück auf das rechte Bein, während gleichzeitig folgende Bewegungen stattfinden:

- Ihr linker Fuß dreht sich auf der Ferse nach außen, die Fußspitzen zeigen nach oben und Nordosten;
- der linke Arm bewegt sich über Ihren Rumpf, das Handinnere weist nach oben und befindet sich etwas unter der Taillenhöhe;
- der rechte Vorderarm ist über Ihrem Rumpf auf Schulterebene, die rechte Handfläche befindet sich gegenüber der linken, als ob sie einen großen Ball hielte.

Verlagern Sie Ihr Gewicht auf das linke Bein, und gehen Sie mit dem rechten Fuß (Absatz zuerst) nach Osten, die Zehenspitzen zeigen ebenfalls in diese Richtung. Dann, während Sie das Gewicht auf das rechte Bein verlegen:

- dreht sich Ihr linker Arm zurück und nach oben. Ihre linke Hand geht am linken Ohr vorbei und bewegt sich mit den Fingerspitzen auf Halsebene nach vorne (Osten);
- streift Ihre rechte Hand über das rechte Knie.

Vorwärts gehen und in den Unterleib des Gegners stoßen (Abb. 79)

Während Sie Ihr Gewicht zurück auf das linke Bein verlegen:

- geht Ihr linker Arm an der linken Seite des Körpers herunter, das Handinnere blickt nach vorne;
- folgt Ihre rechte Hand der Bewegung der linken, wobei die rechte Handfläche in Richtung der linken gewandt ist;
- dreht sich Ihr rechter Fuß auf dem Absatz, die Fußspitzen sind leicht nach außen (Südosten) und oben gewandt.

Während Sie Ihr Gewicht auf das rechte Bein verlegen, kreist Ihr Rumpf nach rechts. Beide Arme schwingen weit nach rechts, die Hände befinden sich auf Nabelebene, die Handflächen schauen nach unten.
Gehen Sie mit Ihrem linken Fuß nach vorne (Osten), die Fußspitzen blicken nach Osten und gleichzeitig:

- verlagern Sie Ihr Gewicht auf das linke Bein;
- streift Ihre linke Hand Ihr linkes Knie;
- stößt Ihre rechte Faust nach vorne in den Unterleib des Gegners.

Vorwärts gehen

Verlagern Sie Ihr Gewicht zurück auf Ihr rechtes Bein, während:

- beide Hände mit den Handflächen einander gegenüber zur rechten Seite Ihres Körpers gehen;
- Ihr linker Fuß sich auf dem Absatz dreht, wobei die Fußspitzen leicht nach außen weisen (Nordosten).

Gehen Sie mit dem rechten Fuß nach vorne und leicht nach rechts (Osten), die Fußspitzen weisen in dieselbe Richtung.
Wiederholen Sie die Bewegungen: nach oben stoßen; Abwehren; Zurückziehen; Vorwärts drücken; Vorwärts stoßen; Körper drehen und Peitschen, wie im ersten Teil beschrieben.

78

79

Schöne Frau beim Weben (links) (Abb. 80 und 81)

Diese Bewegung sollte so leicht und graziös ausgeführt werden, daß sie derjenigen einer jungen hübschen Frau gleicht. Die Bewegung der Hände nach links und rechts ist wie die eines Weberschiffchens, das vor- und zurückgeht.

Verlagern Sie Ihr Gewicht nach hinten auf das rechte Bein und drehen Sie Ihren Rumpf so weit wie möglich nach rechts, während gleichzeitig folgende Bewegungen stattfinden:

- Ihr linker Fuß dreht sich auf dem Absatz so weit nach rechts wie möglich;
- Ihre linke Hand geht etwas unter der Taille über den Unterkörper, die Handfläche weist nach außen;
- Ihre rechte Hand öffnet sich und kommt mit der Handfläche nach unten vor Ihr Kinn;

Während Ihr Rumpf das Kreisen nach rechts fortsetzt, bis er nach Nordosten gewandt ist:

- verlagert sich Ihr Gewicht auf das linke Bein;
- dreht sich Ihr rechter Fuß auf den Zehen, die Ferse bewegt sich leicht nach links;
- bewegt sich Ihr rechter Arm leicht nach unten zum linken Arm.

80

Verlagern Sie das Gewicht auf Ihr rechtes Bein und gehen Sie dann mit Ihrem linken Fuß nach Nordosten, wobei die Fußspitzen in dieselbe Richtung weisen. Verlagern Sie dann das Gewicht auf Ihr linkes Bein, während gleichzeitig:

- Ihre linke Hand hinauf auf Augenbrauenebene geht, die Handfläche zeigt nach vorne und befindet sich in einer leicht schrägen Stellung zum Boden;
- die Fingerspitzen der rechten Hand auf der Höhe des Solarplexus geradlinig nach vorne drücken (Nordosten).

81

Schöne Frau beim Weben (rechts) (Abb. 82, 83, 84, 85 und 86)

Verlagern Sie Ihr Gewicht zurück auf das rechte Bein und drehen Sie Ihren Rumpf so weit nach rechts wie möglich.
Gleichzeitig:

- dreht sich Ihr linker Fuß auf dem Absatz, bis die Fußspitzen nach Südosten weisen;
- geht Ihre rechte Hand etwas unterhalb der Taille über Ihren Rumpf, die Handfläche ist nach oben gerichtet;
- bewegt sich Ihre linke Hand leicht nach unten zur Kinnebene, die Handfläche weist nach unten.

Verlagern Sie Ihr Gewicht auf das linke Bein und – während Ihr Rumpf weiter nach rechts kreist – machen Sie mit Ihrem rechten Fuß einen großen Schritt, wobei Sie eine dreiviertel Drehung (135°) beschreiben, so daß die Fußspitzen nach Nordwesten zeigen.
Verlagern Sie Ihr Gewicht auf das rechte Bein, während gleichzeitig:

- Ihre rechte Hand sich auf Augenbrauenebene hinaufbewegt, wobei die Handfläche nach vorne zeigt und leicht schräg zum Boden gehalten ist;
- Ihre linken Fingerspitzen auf der Höhe des Solarplexus gerade nach vorne drücken (Nordwesten);
- Ihr linker Fuß sich auf dem Absatz dreht, bis die Fußspitzen nach Westen deuten;

Verlagern Sie Ihr Gewicht zurück auf Ihr rechtes Bein und machen Sie mit Ihrem rechten Fuß einen kleinen Schritt nach Westen – die Fußspitzen schauen in dieselbe Richtung – und bringen Sie die rechte Hand hinunter auf Taillenebene.
Verlagern Sie Ihr Gewicht auf das rechte Bein und setzen Sie die Bewegung, wie zuvor beschrieben, fort.

Schöne Frau beim Weben (rechts)

Wiederholen Sie die Bewegung, wie zuvor beschrieben.
Der einzige Unterschied ist, daß Sie jetzt in die entgegengesetzte Richtung blicken.
Wiederholen Sie die Bewegungen: »Fasse den Vogel beim Schwanz (links)«; »Nach oben stoßen«; »Zurückziehen«; »Vorwärts drücken«; »Vorwärts stoßen«; »Körper drehen«; »Peitsche« wie beschrieben. Dann wiederholen Sie »Schlange kriecht herunter« ebenfalls wie beschrieben.

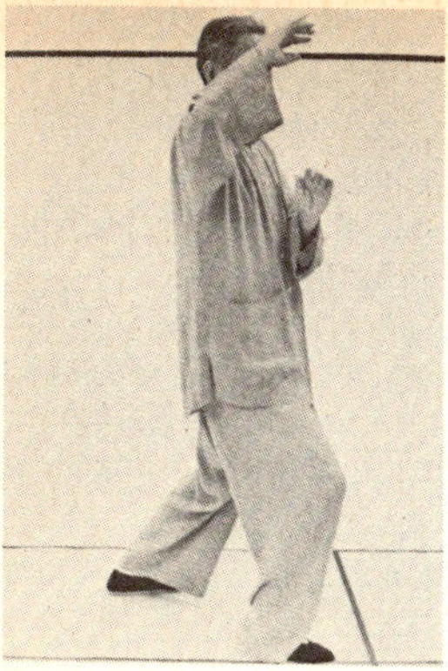
82

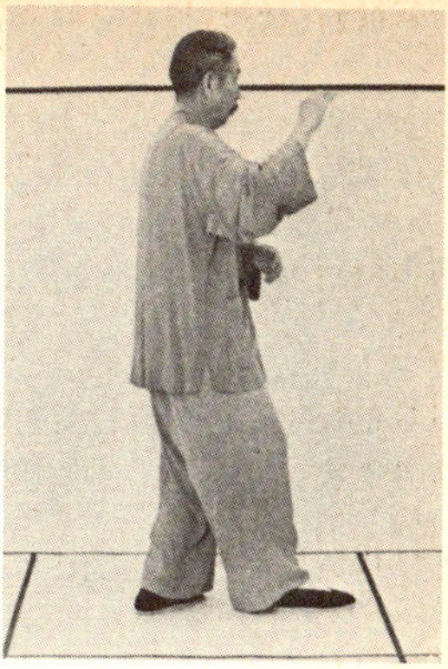
83

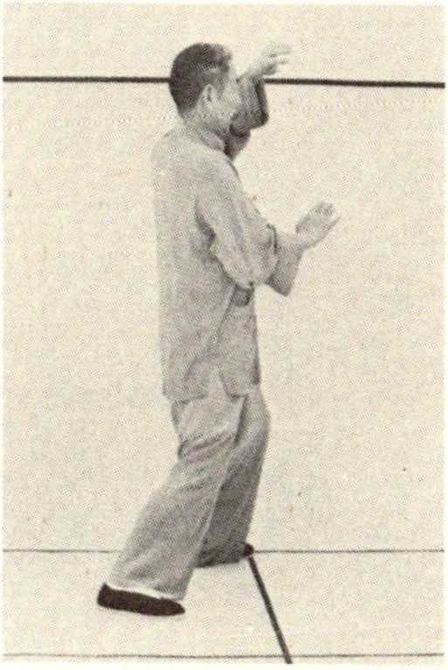
84

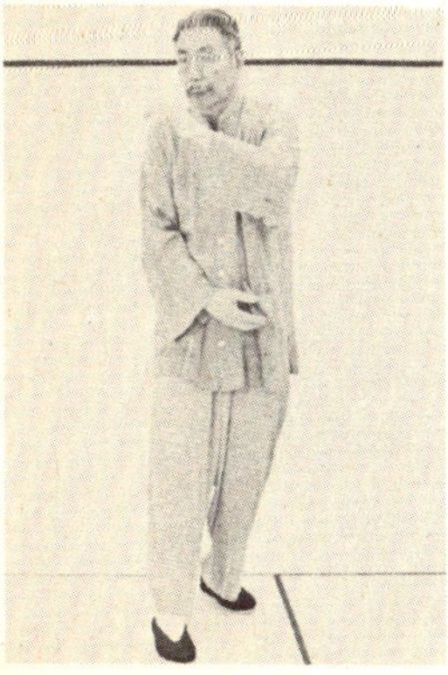
85

86

Vorwärts gehen, sieben Sterne (Abb. 87)

Die gekreuzten Hände bei dieser Bewegung gleichen der Gruppe von sieben Sternen am Himmel, die den Nordstern umgeben.
Während Ihr Körper sich aufrichtet, lassen Sie die rechten Fußspitzen nach innen gehen und verlegen das Gewicht auf Ihr linkes Bein.
Gleichzeitig:

- bilden Ihre Hände Fäuste und überkreuzen sich an den Handgelenken vor dem oberen Teil der Brust. Das linke Handgelenk ist näher an der Brust, es befindet sich hinter dem rechten. Die Knöchel blicken nach vorne (Westen);
- bewegt sich Ihr rechter Fuß auf den Zehen direkt vor Ihrer linken Ferse.

87

Tiger zum Berg reiten (Abb. 88)

Bei dieser Bewegung setzt man sich gleichsam zurück, beugt die Beine, als ob man in Spreizstellung auf dem Rücken eines (zahmen) Tigers säße.
Die rechte Hand ist nach oben gestreckt und scheint eine Peitsche zu halten, so als triebe man den Tiger an, schneller zu laufen.
Gehen Sie mit Ihrem rechten Fuß zurück, die Zehenspitzen weisen nach Nordwesten. Verlagern Sie Ihr Gewicht auf das rechte Bein, lassen Sie gleichzeitig beide Arme zur Seite herunterfallen und streifen Sie dabei beide Oberschenkel mit den Fingerspitzen.
Lassen Sie Ihre rechte Hand zurück zur Seite und hinauf auf Schläfenebene kreisen. Die Handfläche geht leicht schräg nach unten und zeigt nach Nordwesten, der Ellbogen bildet einen 90°-Winkel. Gleichzeitig gleitet Ihr linker Fuß auf die Fußspitzen zurück und gelangt vor Ihre rechte Ferse, die Zehen zeigen dabei nach Westen.
Anmerkung: Diese Übung ähnelt der »Weißer Kranich breitet Flügel aus« genannten Stellung, die im ersten Teil beschrieben ist. Der Hauptunterschied liegt darin, daß hier die rechte Hand zurück und zur Seite kreist, bevor sie neben dem Kopf nach oben kommt, während sie beim Weißen Kranich direkt von der Vorderseite des Oberschenkels aus nach oben bewegt wird. Ein feinerer Unterschied liegt darin, daß das rechte Bein, auf dem das Gewicht ruht, bei dieser Bewegung mehr gebeugt gehalten wird als beim Weißen Kranich, bei dem es leicht gestreckt ist.

88

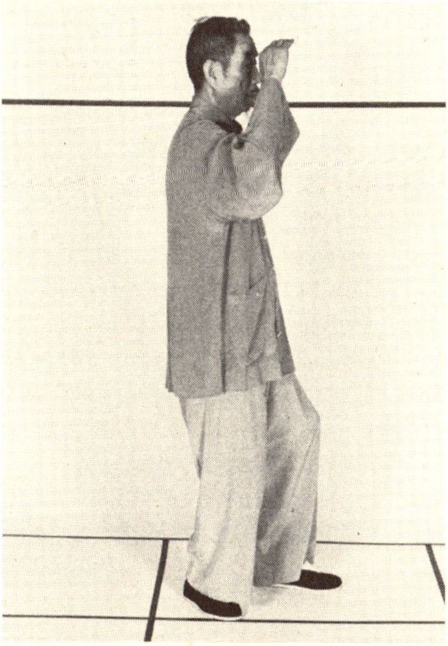

Körper drehen und Lotusstoß (Abb. 89, 90 und 91)

Die volle 360°-Drehung bei dieser Bewegung soll die runden Blätter der Lotusblüte darstellen, während der Beinstoß von links nach rechts wie der Wind ist, der die Lotusblüte bewegt.
Lassen Sie den rechten Arm schräg über den Körper nach links fallen, ohne Anstrengung und so weit er will, so daß die Handfläche nach Osten weist. Drehen Sie gleichzeitig Ihre linke Hand, so daß sie nach vorne weist. Bewegen Sie dabei den linken Arm leicht nach vorne und lassen Sie den Vorderarm nach links und leicht nach außen kreisen, bis die Handfläche nach Westen weist.
Heben Sie Ihren linken Fuß hoch und leicht nach vorne. Indem Sie eine volle Drehung (360°) auf dem Fußballen des rechten Fußes ausführen, wenden Sie sich mit Ihrem Körper nach rechts. Dies geschieht, indem Sie das linke Bein und beide Arme (mit den Handflächen nach unten) nach rechts schwingen.
Beenden Sie die Drehung und verlagern Sie, während Ihr linker Fuß mit den Fußspitzen nach Westen wieder auf den Boden kommt, Ihr gesamtes Gewicht auf das linke Bein, das Knie ist tief gebeugt. Die rechten Fußspitzen berühren nun leicht den Boden, und Ihre Arme gehen vor Ihrem Rumpf bis auf Schulterhöhe nach oben, die Handflächen weisen nach unten.
Heben Sie Ihr rechtes Bein in einer kreisenden Bewegung (im Uhrzeigersinn) nach oben, die Fußspitzen berühren erst die linke, dann die rechte Handfläche, während die Arme vor Ihrer Brust ausgestreckt bleiben.

Tiger erschießen (Abb. 92)

Die Haltung der Arme und Hände bei dieser Bewegung ähnelt der eines Bogenschützen, der einen Pfeil abschießt.
Nachdem Ihr rechtes Bein von dem Stoß heruntergekommen ist, gehen Sie mit dem rechten Fuß nach vorne (Westen), die Fußspitzen deuten in dieselbe Richtung. Während Sie gehen:

- bilden Ihre Hände Fäuste, die Knöchel schauen nach oben;
- bewegt sich Ihre linke Faust auf Brustebene nach vorne;
- bewegt sich Ihre rechte Faust auf Ohrenebene nach vorne;
- weisen Ihre linken Fußspitzen nach Südwesten.

Verlagern Sie Ihren Rumpf und Ihr Gewicht nach vorne auf Ihr rechtes Bein und stoßen Sie gleichzeitig mit beiden Fäusten nach vorne.

89

90

91

92

Faust kreisen (Abb.93)

Verlagern Sie Ihr Gewicht zurück auf Ihr linkes Bein und lassen Sie Ihre Arme nach außen und unten zur Seite hin kreisen, wobei die Fäuste geöffnet sind. Der linke Arm hält an Ihrem linken Oberschenkel an.
Verlagern Sie Ihr Gewicht nach vorne auf das rechte Bein und gleichzeitig:

- machen Sie mit Ihrer rechten Hand eine Faust und setzen Sie die kreisende Bewegung im Uhrzeigersinn fort, um auf den Kopf eines imaginären Gegners zu schlagen;
- bewegen Sie Ihren linken Arm auf Magenebene über Ihren Rumpf, die Handfläche weist zum Körper.

Vervollständigen Sie nun die Form durch Wiederholung folgender Bewegungen: Vorwärts gehen und Fauststoß; Zurückziehen; Vorwärts stoßen; Hände kreuzen; und Ende, wie am Ende des ersten Teils beschrieben.

93

6. KAPITEL

Zusätzliche Übungstechniken taoistischer Tradition

Die im vorigen Kapitel beschriebene T'ai Chi Ch'uan-Form ist eine ideale Gesundheitsübung für die, die sie lernen können. Wenn man sie jeden Tag ungefähr eine Stunde ausübt, wird man sich sicher bald bester Gesundheit erfreuen. Dennoch ist es nur eine von vielen verschiedenen Abfolgen an Gymnastiktechniken für Gesundheit und Langlebigkeit, die im Laufe der Jahrhunderte in China entwickelt wurden.

Viele dieser Techniken scheinen ihren Ursprung in der Beobachtung von Tierbewegungen zu haben. Dschuang Dse z.B. erwähnt das Strecken des Halses wie ein Vogel als Übung zur Verlängerung des Lebens. Der im 3. Jh. lebende Arzt Hwa T'o zeichnete eine Serie von fünf Gesundheitsübungen auf, deren Bewegungen denen des Tigers, des Bären, des Affen, des Rehs und des Vogels gleichen. Sogar Chang San Feng, der T'ai Chi Ch'uan während der Sung-Dynastie entwickelte, ließ sich vom Kampf zwischen einem Kranich und einer Schlange beeinflussen.

Unter den verschiedenen traditionellen Übungen sind manche sehr einfach und – obwohl sie auf denselben Prinzipien wie die T'ai Chi Ch'uan-Form beruhen – viel einfacher zu erlernen. Sie können von fast jedem, sogar den sehr Alten oder nicht ganz Gesunden, täglich geübt werden. Sie haben dieselben allgemeinen Wirkungen auf die Gesundheit wie die ausgearbeitetere Form und können von denjenigen als Vorbereitung zum T'ai Chi benutzt werden, die sich noch nicht bereit fühlen, damit zu beginnen, oder die keinen Zugang zu einem guten T'ai Chi Ch'uan-Lehrer haben.

In diesem Kapitel werden wir drei einfache Arten von Übungen beschreiben: eine einfache Stehform mit vier Variationen, die Methode, die Arme zu schwingen, und die »Acht Schatzstücke«. Am Ende des Kapitels werden wir kurz auf eine fortgeschrittenere Methode des Taoismus eingehen, die Meditation im Sitzen.

Einfaches Stehen

Es gibt vier Variationen der Stehform, aber alle vier haben einige gemeinsame Merkmale. Bei allen vieren sind z.B. die Füße in Schulterbreite voneinander entfernt, die Fußspitzen zeigen im 45°-Winkel aufeinander. Das Gewicht des Körpers ruht auf dem »vollen« Bein. Die Hände sind geöffnet, die Finger natürlich gekrümmt. Geist und *chi* (Atem) sind auf den Unterleib gerichtet, der leicht zusammengezogen ist. Die Brust ist nach vorne gehalten, aber eher flach als hervorgestreckt. Sie wird unterstützt von erhobenen Schultern und einer aufrechten Wirbelsäule. Die Augen sind auf die Nasenspitze gerichtet. Der Atem ist gleichmäßig, ruhig und tief. Indem man auf ihn hört, wird man ruhig und gelassen, und eine entspannte Konzentration stellt sich ein.

Die erste Stehform beginnt damit, die Arme ganz natürlich zu Seiten des Körpers herunterfallen zu lassen. Die Atmung ist dabei verschieden von der, die in den folgenden drei Stehübungen angewandt wird. Führen Sie nun beim Einatmen durch die Nase die Zunge zum Mundgewölbe; halten Sie das *chi* im Unterleib; legen Sie dann die Zungenspitze an den Ansatz der unteren Vorderzähne und atmen Sie die verbrauchte Luft durch den Mund aus. Bei den folgenden Formen bleibt die Zunge am Gaumen schweben, und die Atmung geschieht insgesamt nur durch die Nase.

In der zweiten Form wird im allgemeinen dieselbe Stellung beibehalten wie in der ersten. Diesmal strecken Sie jedoch die Arme in Schulterbreite vor dem Körper aus, parallel zum Boden, wie bei einem Schlafwandler. Die Fingerspitzen weisen nach oben, so daß die geöffneten Hände das Gesicht zu beschützen scheinen. Atmen Sie zwischen zehn- und zwölfmal durch die Nase ein und aus. Die dritte Form gleicht einem Kreuz, die Arme sind auf Schulterhöhe statt nach vorne zu den Seiten des Körpers hin ausgestreckt. Wie zuvor sind die Hände geöffnet, die Finger zeigen nach oben, es werden nicht mehr als zehn Atmungen durchgeführt.

Die letzte der vier Stehformen bringt die Arme herunter und zurück, die Handflächen schauen vom Körper weg.

Die Haltung des Übenden gleicht der von jemandem, der gegen eine flache Wand gedrückt wird oder eine Menschenmenge zurückhält. Atmen Sie durch die Nase wie zuvor.

Bei allen Stehformen zählen eine Einatmung und Ausatmung als Einheit. Je nach körperlicher Verfassung sollte der Anfänger nicht mehr als zehn oder zwölf Einheiten – bei welcher Form auch immer – versuchen. Nach ungefähr einem Monat kann die Anzahl der Einheiten um drei erhöht werden. Die vier Variationen von Stehübungen können in beliebiger Reihenfolge ausgeführt werden. Jedoch werden sie erst dann zu wirken beginnen, wenn sie regelmäßig jeden Tag und über einen längeren Zeitraum hinaus ausgeführt werden.

Die Sitzform dieser Übung erfordert einen flachen Raum, der Schutz gibt und Feuchtigkeit, Kälte oder Lärm abhält. Der Boden, das Bett oder eine Fläche im Freien genügen. Sitzen Sie aufrecht, beide Beine sind vor Ihnen ausgestreckt. Die Knie sollten überschlagen sein, aber Anfänger sollten sich nicht zu dieser Haltung zwingen, bis sie sie langsam und von selbst

gemeistert haben. Die Füße weisen nach oben, die Fußspitzen neigen ein wenig aufeinander zu.
Sitzen Sie mit den Handflächen zum Boden auf Ihren Händen. Lehnen Sie sich leicht mit Ihrem Kopf – nicht mit den Schultern – nach vorne, halten Sie dabei die Wirbelsäule aufrecht. Ziehen Sie die Zwerchfellmuskeln ein. Wie bei den Stehformen halten Sie den Mund geschlossen und die Oberfläche der Zunge gegen den Gaumen. Hören Sie in entspannter Konzentration auf Ihren eigenen Atem, während Ihre Augen aufs Zentrum gerichtet sind. Halten Sie das *chi* und Ihre Aufmerksamkeit fünfzig oder hundert Atemeinheiten lang im Unterleib. Diese Zahl hängt von der körperlichen Verfassung des Übenden ab, dem Grad der Vertrautheit mit der Übung und der zur Verfügung stehenden Zeit.
Die lehnende Form ähnelt dem Sitzen in vieler Hinsicht, außer daß der Körper mit einem kleinen Kissen unter dem Kopf ausgestreckt daliegt. Es wird fünfzig- bis hundertmal durch die Nase geatmet, wobei das diesbezüglich zuvor Gesagte in Betracht gezogen werden sollte.
Die Stehübung ist wirksamer, wenn sie bei frischer Luft im Grünen und in einer ruhigen Umgebung ausgeführt wird. Wenn Nebel oder Regen einsetzt und die Luft feucht wird, oder die Ruhe von Lärm oder stürmischem Wind gestört wird, ist es besser, gleich hineinzugehen. Am besten übt man die Stehübung am Morgen, kurz nach dem Aufwachen. Die lehnende Übung ist abends vor dem Schlafengehen am günstigsten. Die Sitzübung läßt sich zu jeder Zeit ausführen. Es gibt aber Ausnahmen. Man sollte mit diesen Übungen nach dem Essen mindestens 25 Minuten warten. Schwangere Frauen und Fieberkranke oder an inneren Blutungen Leidende dürfen diese Formen nicht einmal versuchen.
Ansonsten tragen Sie lockere Kleidung, wenn Sie sich auf die Übungen vorbereiten. Lassen Sie sich nicht von nebensächlichen Gedanken, durch Radio oder Telefon ablenken. Dies ist nicht der Zeitpunkt, mit anderen zu sprechen, da Geist, Atem und Bewegung zu einem Ganzen vereint sein sollten. Wenn Sie mitten in einer Form unterbrochen werden, machen Sie nicht weiter, wo Sie aufgehört haben, sondern fangen Sie von neuem an.
Anfänger werden von den verschiedenen Veränderungen in ihrem Körper beim Ausführen dieser Bewegungen erstaunt sein. Seien Sie nicht ärgerlich über ungewöhnliche Wärmeentwicklung, Schwitzen, Aufstoßen oder Blähungen. Diese Symptome weisen darauf hin, daß der Körper gut auf die Übung anspricht.
Auch sollten Sie keine Angst haben, wenn Ihre Hände sich starr anfühlen, Ihre Glieder schmerzen oder die Arme zittern. Innerhalb weniger Monate wird dies körperliche Unbehagen nachlassen, und gleichzeitig wird sich im Mund mehr Speichel bilden.
Wenn Sie diese Übung ausgeführt haben, sollte Ihr Körper sehr warm sein. Es ist zu diesem Zeitpunkt auf keinen Fall zu raten, kalte Erfrischun-

gen zu sich zu nehmen. Warten Sie mindestens fünf oder zehn Minuten, daß sich der Körper von selbst abkühlt. Wenn diese Übungen den Körper zum Schwitzen gebracht haben, reiben Sie sich sofort trocken, um sich nicht zu erkälten.
Alle drei Formen der Übung tun dem Körper gut. Sie helfen dem Schwachen, körperliche Kraft zu gewinnen, mit der er Krankheiten abwehren kann. Und diejenigen, die schon stark sind, werden einen Zuwachs an Energie, geistige Ausgeglichenheit und gesunden Schlaf erleben. Wenn man die Übungen täglich ausführt, so verlängern sie die Jugend. Die Formen helfen auch, Krankheiten zu heilen oder zu verhindern. In der Magengegend wirken sie gegen Magenverstimmung, Verstopfung und Darmblutungen. Schwache Nieren, nächtliches Wasserlassen, Gebärmutterentzündung und Menstruationsschwierigkeiten können ebenfalls positiv beeinflußt werden.
Darüber hinaus kann ein regelmäßiges Ausführen dieser Übungen helfen, Schlaflosigkeit, Rheuma, hohen oder niedrigen Blutdruck, Rückenschmerzen, Asthma und Tuberkulose zu heilen.
Natürlich können Ihnen die Steh-, Sitz- und Lehnübungen auch helfen, bessere Atemgewohnheiten und geistigen Frieden zu erlangen.
Die Kombination von Tao Yin (Atemübungen) und T'u Na (sanfte Körperübungen) bietet ebenfalls in einer Reihe einfacher, leicht auszuführender und nicht zu anstrengender Bewegungen – auch für ältere Leute – eine Möglichkeit, die Gesundheit zu verbessern und das Leben zu verlängern.
Zu guter Letzt noch eine Übung für Hände und Füße.
Verlagern Sie Ihr Gewicht auf das linke Bein. Heben Sie den rechten Fuß etwa zwölfeinhalb Zentimeter vom Boden hoch und bringen Sie die linke Hand auf Ohrebene. Schütteln Sie die linke Hand und den rechten Fuß kräftig. Wechseln Sie dann Hände und Füße, legen Sie Ihr Gewicht auf das rechte Bein und wiederholen Sie das Ganze. Diese einfache Übung wird Müdigkeit und Spannung vertreiben. Sie ist auch wirksam als sofort angewandte Hilfe bei Fußkrämpfen in der Nacht. Allein das Schütteln des Beines reicht, um den Krampf zu beheben.

Arme schwingen

In letzter Zeit wurde sowohl in der Volksrepublik China als auch in Nationalchina ›Arme schwingen‹, eine einfache Gesundheitsübung, recht populär.
Es ist nicht so kompliziert wie viele Formen von Yoga und erfordert kein Training oder übertriebene Anstrengung. Es kann zu jeder Zeit, an jedem Ort, bei wenig Raum und ohne besondere Ausrüstung ausgeführt werden.

Deshalb ist es besonders geeignet für Büroangestellte, die sitzen müssen und mit geringem Raum auszukommen haben.
Unabhängig von Geschlecht und Alter kann die Übung regelmäßig und leicht ausgeführt werden. Sie ist besonders zugänglich für ältere Menschen. Armeschwingen bringt viele körperliche Vorteile mit sich: die Gelenke werden entspannt, zu hoher Blutdruck wird gesenkt, die Energie nimmt zu, die Verdauung wird angeregt, durch Zunahme der Körperaktivität wird der Blutkreislauf beschleunigt, und geistiger Frieden setzt ein.
Indem eine größere Körperhitze entsteht, wird dem Körper bei der Verdauung der Nahrung und ihrer Verwertung geholfen, zugleich wird Energie hervorgebracht. Die Auf- und Abbewegungen des Zwerchfells lassen Magen und Darm vibrieren. Indirekt verbessert sich der Appetit, da der Körper die Nahrung, die er aufgenommen hat, besser verwertet und mehr Kalorien empfängt. Die Nieren und die Leber werden ebenfalls positiv von dieser vibrierenden Bewegung beeinflußt. Zusätzlich zu der guten Wirkung auf Kreislauf und Verdauung soll die Übung auch Hämorrhoiden und Rheuma heilen. In China heißt es, daß »schwingende Arme« ein wirkungsvolles Mittel gegen Krebs ist. Viele chinesische Ärzte glauben, daß Krebs durch einen schlechten Kreislauf entsteht. Wenn das *chi* nicht in ausreichendem Maße durch das Blut fließen kann, stellt sich Stagnation ein, und es sammeln sich Abfallstoffe in den Körpergeweben. Die Lymphknoten, welche die Ablagerungen aus dem Blut entfernen, können nicht richtig funktionieren, so daß die Abfallstoffe giftig werden. Armeschwingen verbessert den Kreislauf, was zur Abfuhr der Abfallstoffe führt und so die Gesundheit verbessert.
In vieler Hinsicht ähnelt Armeschwingen dem T'ai Chi Ch'uan. Die Füße stehen in Schulterbreite fest und flach auf dem Boden. Das Gewicht des Körpers liegt nicht in den Schultern, sondern in den Beinen. Der Rumpf des Körpers ist gerade, der Schwerpunkt liegt auf Taillenebene. In der Leistengegend herrscht keine Spannung, der Unterleib steht nicht hervor, und die Brust ist nicht aufgeblasen. Die Wirbelsäule ist gerade und aufrecht. Hals und Kopf sind ebenfalls aufrecht, aber entspannt. Der Mund ist ganz natürlich ohne Verspannung geschlossen. Die Augen blicken nach vorne und sind auf einen Punkt im Raum gerichtet.
Der Geist ist konzentriert, aber man denkt nicht. Die Energie des *chi* und die Aufmerksamkeit sind auf den Unterleib oder *tan t'ien* gerichtet, und der Körper läßt sein Gewicht in die Beine und Füße sinken. Dies hat sehr viel mit der Anfangsstellung beim T'ai Chi Ch'uan zu tun.
Das Wesentliche der Übung spielt sich in den Armen und Händen ab. Zu Anfang sollten die Arme ganz natürlich zu Seiten des Körpers herunterfallen. Die Finger der Hand sollten ihre natürliche Krümmung beibehalten, weder zu sehr zusammen, noch zu weit voneinander entfernt sein.

Bringen Sie beide Hände mit dem Handinneren nach vorne, die Arme ebenfalls, etwa auf Schulterebene. Die Schwingbewegung sollte leicht und mühelos sein: Vom Nabel ab aufwärts sollte alles leicht sein, da 80% des Gewichts in den Beinen liegen. Schwingen Sie jetzt in einem sanften Stoß und mit etwas Kraftanwendung die Arme zurück nach unten zu den Seiten des Körpers. Schauen Sie sich nun den Schwung an, den Sie ausgeführt haben.

Die Schwingbewegung sollte in regelmäßigem und leicht einzuhaltendem Abstand fortgesetzt werden, bis Sie sich müde oder angestrengt fühlen. Meinen Sie nicht, daß Sie schnellere Resultate erzielen, wenn Sie die Übung mit größerer Geschwindigkeit ausführen. Machen Sie so viele Schwingbewegungen, wie Ihr körperlicher Zustand und Ihr Alter es ohne Müdigkeitserscheinungen erlauben. Sie können die Anzahl der Schwingbewegungen erhöhen, wenn Ihr Körper stärker wird. Allmählich sollte es Ihnen möglich sein, dreihundert oder sogar tausend davon auszuführen.

Wenn Sie zum erstenmal mit der Übung beginnen, werden Sie vom Ergebnis vielleicht enttäuscht sein. Der Körper wird aufstoßen, und es werden Blähungen entstehen, denn Sie sind entspannt, und das auf Magen und Darm ausgeübte Vibrieren wirkt auf die Verdauungsorgane. Beine und Füße werden weh tun und anschwellen, denn das *chi* und frisches Blut füllen die unteren Extremitäten. Der angeregte Kreislauf veranlaßt den Körper auch, mehr zu schwitzen. Da sich die körperliche Verfassung jedoch im Verlauf fortgesetzter Praxis verbessert, verschwinden auch diese Probleme.

Acht »Schatzstücke«

Seit der Zeit des Gelben Kaisers – um 2000 v. Chr. – sind diejenigen, die chinesische Übungen ausführen (und sogar Boxer) mit den »acht Schatzstücken«[1] vertraut. Diese Übungen werden so genannt, weil es insgesamt acht Übungen gibt, die mit den acht I-Ging-Urzeichen der Pa Kua-Übungen[2] in Zusammenhang stehen. Während andere Übungen die äußeren Glieder bewegen und äußere Bewegungen genannt werden, wirken die Acht Schatzstücke auf die inneren Organe und nennen sich Nei Kung oder innere Bewegungen.

Wie immer, ist das Atmen sehr wichtig. Bevor Sie mit diesen Bewegungen beginnen, sollten Sie dreimal tief in den Unterleib hineinatmen. Atmen Sie bei jedem Atemzug frische Luft durch die Nase ein und durch den Mund die abgenutzte aus.

Zwei Hände stoßen zum Himmel (Abb. 94)

»Zwei Hände stoßen zum Himmel« leitet sich von dem *I-Ging*-Diagramm *Ch'ien* ab, was Himmel bedeutet. Die Übung ist gut für den »dreifachen Erwärmer«. Dreifacher Erwärmer ist ein Begriff der chinesischen Medizin für drei innere Bereiche des Körpers. Der »obere Erwärmer« erstreckt sich vom Mageneingang bis zur Brusthöhle und steht in Beziehung zu Atmung und Kreislauf. Der »mittlere Erwärmer« steht in Beziehung zu Magen und Darm. Der »untere Erwärmer« beschreibt den Bereich, der vom Magen aus nach unten geht und der die Fortpflanzungsorgane und Harnwege miteinschließt.
Der Sinn von »Zwei Hände stoßen zum Himmel« ist, daß mehr Sauerstoff eingeatmet und mehr Kohlendioxyd ausgestoßen wird. Die Übung regt auch das im Unterleib stagnierende Blut an. Weil sich der ganze Körper bei dieser Bewegung streckt, kann die Übung auch die Bänder strecken.

1. Trennen Sie Ihre Beine voneinander, so daß die Füße im Abstand der Schulterbreite parallel zueinander stehen.
2. Halten Sie die Hände nahe an der Stirn und verflechten Sie die Finger ineinander, wobei die inneren Handflächen von Ihnen weg weisen.
3. Atmen Sie, während Sie die Hände und Arme nach oben über Ihren Kopf stoßen, frische Luft ein. Während Sie einatmen, heben Sie Ihre Fersen hoch, so daß Sie auf den Zehenspitzen stehen.
4. Bringen Sie jetzt Ihre Arme vor Ihnen herunter, während Ihre Finger ineinander verflochten bleiben. Atmen Sie, während die Arme heruntergehen, aus und lassen Sie Ihre Fersen den Boden berühren. Das Ganze ist eine Bewegung.
5. Wiederholen Sie dies achtmal.

94

Bogen spannen, um Vögel zu schießen (links und rechts)

Diese Form wird im *I-Ging* durch *Ken* oder »der Berg« symbolisiert und soll ausdrücken, daß der Stand Ihrer Beine so fest und stark wie ein Berg sein sollte. Die Bewegung stärkt die Beine und dehnt die Bänder der Arme. Sie hilft Ihnen auch, sich zu konzentrieren. Die Übung ist nicht anstrengend, denn man braucht eher geistige Kraft als körperliche Stärke.

1. Halten Sie den Körper aufrecht und stellen Sie zunächst die Füße nah zueinander. Machen Sie einen großen Schritt mit Ihrem linken Fuß – weiter als Schulterbreite – und stehen Sie niedrig, so als ritten Sie auf einem Pferd.
2. Heben Sie Ihre Arme, so als ob Sie einen Bogen in Ihrer rechten und einen Pfeil in Ihrer linken Hand halten würden.
3. Halten Sie Ihren linken Arm auf Brusthöhe, mit dem Vorderarm parallel zum Boden. Lassen Sie beim Einatmen Ihren Atem und Geist in den Unterleib sinken, ziehen Sie dabei die Saite des imaginären Bogens mit Ihrer linken Hand zurück. Während Ihr linker Arm zurückgeht, verlagern Sie Ihr Körpergewicht auf das linke Bein. Atmen Sie aus.
   Um diese Übung von rechts auszuführen, kehren Sie diese Bewegungen um. Richten Sie Pfeil und Bogen nach links, und verlagern Sie Ihr Gewicht auf das rechte Bein. Während Sie sich von links nach rechts und wieder nach links bewegen, atmen Sie gleichzeitig ein und lassen Ihre Aufmerksamkeit und Ihr Gewicht zum Zentrum Ihres Körpers gelangen.

Wechselseitig die Hände heben, um Milz und Magen in Harmonie zu bringen (Abb. 95)

Diese Bewegung steht in Beziehung zu dem *I-Ging*-Trigramm *K'un*, was Magen bedeutet.
Durch die Kombination von Bewegung, Aufmerksamkeit und Atmung wirkt die Übung positiv auf den »mittleren Erwärmer«. Sie hat auf den Magen Einfluß und unterstützt das Verdauungssystem.

1. Stellen Sie Ihre Füße nebeneinander. Während Sie einatmen, bringen Sie Ihren linken Fuß nach links, ungefähr auf die Breite Ihrer Schultern. Stehen Sie fest da, Ihr Geist ruht in sich.
2. Heben Sie Ihre linke Hand mit der Handfläche nach oben über Ihren Kopf. Atmen Sie ein und leiten Sie den Atem mit Hilfe Ihrer Konzentration in den Unterleib.
3. Bringen Sie nun die linke Hand herunter und atmen Sie langsam aus.
4. Heben Sie die rechte Hand in ähnlicher Weise über den Kopf und atmen Sie ein. Bringen Sie die rechte Hand beim Ausatmen herunter.
5. Wiederholen Sie diese Schwimmbewegung drei- bis siebenmal. Jede Bewegung, zuerst mit der einen Hand, dann mit der anderen wird als ein abgeschlossener Zyklus betrachtet.

95

Den Kopf drehen und nach hinten blicken, um Beschwerden des Atemsystems zu verhindern (links und rechts) (Abb. 96)

Diese Übung entspricht dem *I-Ging*-Zeichen *Tui* und bezieht sich auf die Lungen. Sie wird benutzt, um die Nerven und Atmungsorgane zu aktivieren.
In Hals und Wirbelsäule befinden sich drei Nervenbahnen:
das zentrale, periphere und autonome Nervensystem. Diese Übung stärkt die Nervenbahnen und hilft so auch den inneren Organen[3]. Da die Bewegung die Aktivität der Nervensysteme anregt, können Krankheiten wie Tuberkulose und Bronchitis verhindert werden.

1. Stehen Sie aufrecht, die Füße in Schulterbreite voneinander entfernt. Halten Sie den Kopf aufrecht, die Augen sind nach vorne gerichtet, die Zunge liegt dem Gaumen an.
2. Die Schultern sollten entspannt sein. Lassen Sie Ihre Arme ganz natürlich an den Seiten herunterhängen, die Handflächen zeigen nach hinten.
3. Drehen Sie Kopf und Körper in einer einzigen Bewegung ganz nach links und wieder zurück.
4. Anschließend kehren Sie das, was Sie getan haben, um: führen Sie Kopf und Körper nach rechts und zurück, ebenso die Augäpfel.

Diese Übung gleicht ›Hände wie Wolken schwenken‹, nur daß die Hände an Ihren Seiten bleiben und nicht erhoben werden.
Anfänger sollten diese Übung nur dreimal ausführen, um ihren Körper nicht zu verletzen. Später können Sie sich bis zu sieben abgeschlossenen Bewegungen durcharbeiten.

Augen weit öffnen und Fäuste machen, um Energie zu vermehren (Abb. 97)

Diese Form wird durch *Chen* dargestellt, das *I-Ging*-Zeichen für Stärke und Zorn. Sie benutzt die Tiefatmung, um dem *tan t'ien* oder tiefer liegenden Unterleib wieder Energie zuzuführen. Das *chi* gelangt dann durch die Wirbelsäule zu den Schultern und Armen. Daraus ergibt sich ein Anwachsen der Energie, eine Beschleunigung des Blutkreislaufs und eine Verbesserung des Assimilationsprozesses innerhalb der Zellen.

1. Trennen Sie die Füße ein bißchen weiter als Schulterbreite voneinander. Gehen Sie mit Ihrem Oberkörper herunter, als ob Sie mit gespreizten Beinen auf einem Pferd sitzen.
2. Heben Sie Ihre Arme vor sich auf Schulterhöhe. Strecken Sie sie ganz natürlich ohne Anspannung aus. Ballen Sie die Fäuste und richten Sie Ihre Aufmerksamkeit und das ch'i auf das *tan t'ien*.
3. Ziehen Sie die Gesäßmuskeln zusammen. So bringen Sie die Vitalität und das *chi* durch die Wirbelsäule hoch zu den Armen. Öffnen Sie gleichzeitig Ihre Augen sehr weit und blicken Sie nach vorne. Dies stärkt die Augäpfel und verbessert damit das Sehen.
4. Lassen Sie schließlich die Vitalität und das *chi* zum Unterleib zurückgehen. Wenn dies stattgefunden hat, atmen Sie sehr langsam aus.

Das Ganze wird als ein abgeschlossener Zyklus betrachtet, um die Energie zu vermehren. Wie bei der vorigen Übung sollte der Anfänger darauf achten, die Bewegung auf gemäßigte Weise auszuführen, ohne viel Anstrengung. Zuerst sollte er den Zyklus nur einmal ausführen. Nach mehrfacher Übung kann er, ohne Gefahr für seine inneren Systeme, nach und nach auf drei volle Zyklen übergehen.

96

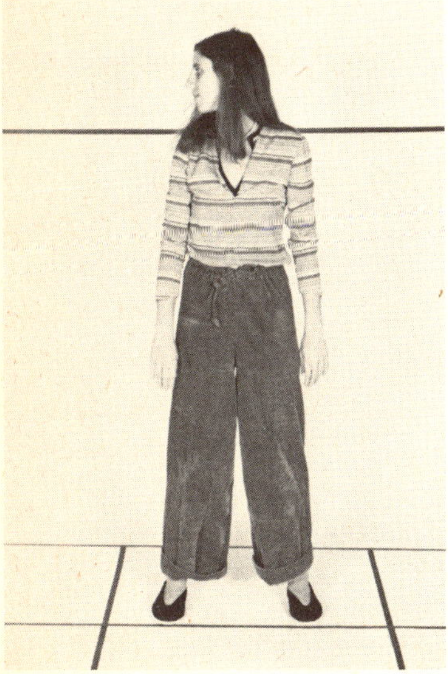

97

Mit den Füßen vorwärts und zurück wippen, um viele Krankheiten zu verhindern

Das *I-Ging*-Zeichen *Sun* bedeutet Arme und Beine. Diese Bewegung macht Beine und Wirbelsäule elastisch. So hilft sie Menschen, die Schwierigkeiten beim Beugen haben oder die aufgrund mangelnder Geschmeidigkeit unter einer steifen Haltung leiden. Viele Krankheiten können durch diese Bewegung verhindert werden, einschließlich Krankheiten der inneren Organe und solche »äußerlichen« Probleme wie steife Gelenke oder Unfähigkeit, die Arme über den Kopf zu heben. Indem die Venen und Arterien weicher und geschmeidiger gemacht werden, ist die Bewegung auch für die Blutzirkulation nützlich.

1. Stehen Sie aufrecht, aber entspannt. Die Füße befinden sich nebeneinander, die Beine sind elastisch. Wie beim T'ai Chi Ch'uan bleiben die Arme an den Seiten und der Geist ruht in sich. Bringen Sie die Zunge zum Gaumen. Lenken Sie Ihre Aufmerksamkeit und den Atem auf das *tan t'ien*.
2. Verlagern Sie Ihr Gewicht auf Ihre Zehen, heben Sie Ihre Fersen etwa 7 bis 10 cm vom Boden hoch.
3. Verlagern Sie Ihr Gewicht in einer gleichmäßigen Bewegung auf Ihre Absätze, und heben Sie die Zehenspitzen etwa 7 bis 10 cm in die Höhe.
4. Beugen Sie die Knie leicht, während Ihre Füße vorwärts und zurück wippen.
5. Führen Sie diese Bewegung nicht mehr als drei- bis fünfmal aus. Öfter auf den Füßen zu wippen würde anstrengend sein.

Kopfkreisen und mit dem Rücken heruntergehen, um Sodbrennen zu beheben

Diese Bewegung wird von *Li* dargestellt, was im *I-Ging* Herz und Feuer bedeutet. Sie kann den ganzen Körper entspannen und die Beweglichkeit der Glieder, des Halses und des unteren Teils des Rückens erhöhen. Die Übung kann Sodbrennen verringern, auf die Verdauung einwirken, die Blutzirkulation verbessern und die Bänder elastisch machen.

1. Stehen Sie aufrecht und setzen Sie Ihren linken Fuß ein wenig weiter als bis auf Schulterbreite. Gehen Sie mit dem Rumpf herunter, als ritten Sie ein Pferd.
2. Kreisen Sie mit dem unteren Teil des Rückens nach links.
   Wiederholen Sie diese Bewegung drei- bis fünfmal in derselben Richtung.
3. Kreisen Sie gleichzeitig auch mit dem Kopf nach links.
   Die Bewegung sollte fließend und entspannt sein.
4. Wechseln Sie mit dem Kreisen des Kopfes und des unteren Teils vom Rücken in die andere Richtung.
   Wiederholen Sie dies, wie zuvor, drei- bis fünfmal.

Fünf Kreise nach links und fünf nach rechts bilden einen geschlossenen Zyklus. Wenn Sie mit diesen Übungen mehr vertraut werden, können Sie soweit kommen, die Kreise nach jeder Richtung sieben- bis neunmal zu wiederholen.

Beide Hände berühren die Füße, um Taille und Nieren zu stärken (Abb. 98)

Kan ist das *I-Ging*-Zeichen für Wasser und bezieht sich hier auf die Nieren. Diese Form stärkt die Beine und das Rückenmark. Sie ist besonders günstig für die Nieren, denn ihre stimulierende Bewegung beschleunigt die Ausscheidung von Abfallstoffen.

1. Stehen Sie aufrecht, die Füße ein wenig näher beisammen als schulterbreit. Verlegen Sie den Atem in den Unterleib.
2. Beugen Sie den Oberkörper nach vorne. Strecken Sie die Arme ebenfalls nach vorne und versuchen Sie, Ihre Füße zu berühren. Machen Sie keine übermäßigen Kraftanstrengungen.
3. Kehren Sie sehr langsam zur aufrechten Haltung zurück.
4. Atmen Sie langsam aus.

Die Bewegung sollte langsam und entspannt sein. Anfänger sollten sie nur dreimal ausführen, später bis zu fünfmal. Wenn der Blutdruck nicht hoch ist, können jüngere Übende die Form siebenmal ausführen. Ältere Leute jedoch sollten sich nur so weit beugen, wie sie bequem und ohne unnötige Kraft oder Anstrengung kommen. Menschen mit hohem Blutdruck, einem Herzinfarkt oder anderen Leiden sollten diese Übung vermeiden.

98

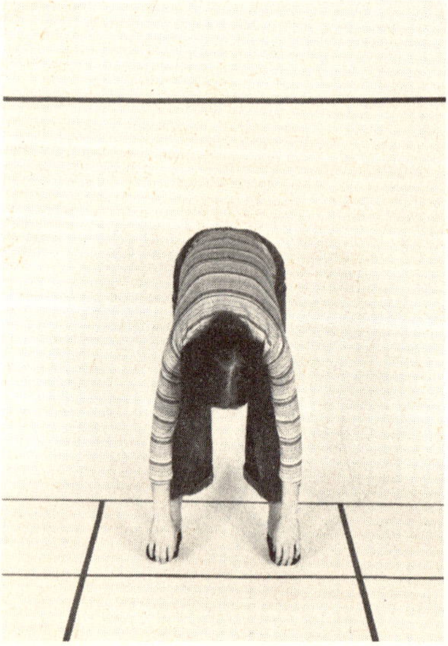

Meditation im Sitzen

Meditation entspannt den Geist, dient der Erholung des Körpers, reguliert Atmung und Blutzirkulation und verbessert schließlich die Gesundheit. Es gibt jedoch so viele Meditationstechniken, daß der Anfänger leicht verwirrt und entmutigt werden kann.
Dies gilt besonders für die älteren Menschen, die irrtümlicherweise annehmen, sie müßten die Lotusstellung oder den halben Lotussitz einnehmen, um zu meditieren. In der Lotusstellung sitzt man aufrecht mit gekreuzten Beinen auf einer flachen Oberfläche, die Füße ruhen auf den Oberschenkeln oder Waden. Im halben Lotus befindet sich ein Fuß in dieser Stellung, der andere zwischen Knie und Boden.
Der Anfänger oder ältere Menschen haben große Schwierigkeiten, die Füße ohne Kraftanstrengung und Unbequemlichkeit in solch eine Stellung zu bringen. Diese für den Anfänger sehr anspruchsvolle Haltung der Meditation kann sehr leicht entmutigen.
Die hier vorgeschlagene Meditationsmethode ist jedoch viel weniger anstrengend für den Körper und recht leicht auszuführen. Sie erfordert, daß man in einem festen, aber bequemen Stuhl sitzt, die Füße flach auf den Boden stellt und die geöffneten Hände unter dem Nabel schalenförmig ineinanderlegt. Der Körper sollte entspannt, aber aufrecht sein, der Geist in einer ruhigen Meditationsverfassung. Zuerst sinkt der Geist, gefolgt vom Atem, *chi*, in den Unterleib, um sich auf das *tan t'ien* zu konzentrieren. Dann bewegt er sich zurück zum Nierenbereich oder *Ming Men* (»Tor des Lebens«). Daraufhin richtet sich die Aufmerksamkeit auf das Perineum, diesen empfindlichen Bereich zwischen After und Geschlechtsorgan, den die Chinesen als *Hui-Yin* bezeichnen. Schließlich geht sie hinunter zu den Fußsohlen oder *Yung-Ch'uan* (sprudelnde Quelle). Worauf die Aufmerksamkeit sich richtet, dorthin folgt auch der Atem So sollte die Atmung langsam und gleichmäßig sein, etwa zwanzig Atemeinheiten pro Minute. Diese Form der Meditation ist, obwohl sie sehr einfach durchzuführen ist, sehr wirkungsvoll.

Anmerkungen

1 Shi T'iao M'ei, *T'ai Chi Ch'uan*: Internal and External Study (auf Chinesisch) (Taiwan: Hua Shin, 1959), S. 15–19

2 In dem gleich darunter zitierten Buch beziehe ich mich auch auf die Pa-Kua-Übungen. Jedoch beschreibe ich da die Übungen, wie sie im Sitzen gemacht werden. Hier lernen wir die Pa-Kua-Übungen im Stehen, was leichter ist. Da Liu, *Taoist Health Exercise Book* (New York: Links Books, 1974), S. 47

3 Zu weiteren Einzelheiten über die Beziehung zwischen dem zentralen Nervensystem und den inneren Organen siehe 2. Kapitel.

7. KAPITEL

Gesundheit im täglichen Leben

Wie die Pflanze Erde, Wasser, Sonne und Dünger braucht, um gesund zu bleiben und zu gedeihen, so haben auch menschliche Wesen Bedürfnisse, die grundlegend für Ihr Überleben sind. Äußere Bedürfnisse schließen Nahrung, Kleidung, eine Wohnung und tägliche Aktivitäten mit ein. Man sollte sich jedoch darum bemühen, ein gutes Gleichgewicht zwischen einem Unter- oder einem Übergewicht dieser Bedürfnisse herzustellen. Während bei den Völkern der unterentwickelten Länder darum gekämpft werden muß, sich durch das Allernotwendigste am Leben zu erhalten, leidet man in den industrialisierten Ländern an exzessiver Überernährung und es werden ständig gedankenlos unnötige, kostspielige Dinge gekauft. In einem alten chinesischen Sprichwort heißt es: »Menschen, die lange leben wollen, sollten vier Teile leer halten.« »Leer« in diesem Zusammenhang bedeutet, nur bis etwa 70% des Fassungsvermögens ausgefüllt zu sein. Zuerst sollte der Geist frei von Gedanken sein. Er sollte nicht bei den Freuden oder Sorgen der Vergangenheit oder den Phantasien und Ängsten der Zukunft verweilen. Lassen Sie den Geist seiner Gesundheit zuliebe ruhig und friedlich.

Zweitens sollte der Magen nicht mit Essen vollgestopft sein. Eine schlechte Ernährung mißbraucht den Magen und verursacht Krankheiten. Drittens sollte die Küche leer sein. Statt große Mengen an Essen zu speichern, kaufen Sie nur, was bald verbraucht wird. Das hilft, die Küche sauberzuhalten, und verhindert, daß Nahrungsmittel verderben. Überflüssige Nahrungsmittel ziehen Kakerlaken und Ratten an und bringen so noch mehr Ärger und Schwierigkeiten mit sich. Schließlich: halten Sie die Wohnfläche leer. Räume, die mit Möbeln und unnützen Dingen voll sind, bewirken schlechte, abgestandene Luft und sind schwer sauberzuhalten.

In den folgenden Abschnitten wird die Wichtigkeit von Essen, Kleidung, Wohnung und täglicher Aktivität für die Gesundheit beschrieben und die Notwendigkeit einer ausgewogenen Beachtung und Pflege all dieser Faktoren betont.

Nahrung

Konfuzius sagte vor langer Zeit, daß der gebildete Mensch nicht zuviel ißt. In den zivilisierteren Ländern raten die Ärzte dazu, die Nahrungseinnahme zu kontrollieren. Eine zu starke Diät kann jedoch gefährlich sein. Bei hartem Fasten fühlt man sich schlecht, und der Körper erhält nicht die notwendigen Nährstoffe. Eine bewußte Auswahl der Nahrungsmittel und eine gemäßigte Diät sind am besten für die Gesundheit.
Es ist gut, das Essen auf bestimmte Zeiten am Tag zu verlegen. Li Ch'ing Yuen, der angeblich 250 Jahre alt wurde, empfahl, daß man in Sommernächten nicht zuviel essen solle, an Wintermorgen jedoch fest zugreifen könne. Die Sommerhitze macht müde, abendliches zu vieles Essen verursacht Stauungen, während die Kalorien eines guten Frühstücks helfen, die Kälte des Winters zu ertragen. Von übermäßigem Trinken mitten in der Nacht wird auch abgeraten.
Die Nahrung sollte frisch, reich an Nährstoffen und sauber sein. Vermeiden Sie, die Nahrungsmittel zu lange zu kochen, denn das zerstört Vitamine, die dem Körper nutzen. Wenn die Temperatur der Nahrung zu kalt ist, ist es nicht gut für den Körper, wenn sie zu heiß ist, schadet es den Zähnen und dem Magen. Seien Sie maßvoll, was die Quantität der Nahrung angeht. Zuviel Essen überanstrengt Magen und Darm. Als kurzzeitige Folgeerscheinung können sich Verdauungsstörungen und andere im 2. Kapitel beschriebene Leiden einstellen. Über einen längeren Zeitraum hinaus führt zuviel Essen zu Gewichtszunahme, hohem Blutdruck und zur Möglichkeit eines Herzanfalls. Mäßigung und Umsicht sind nötig nach einem Mahl. Putzen Sie die Zähne, um den Mund von Nahrungsteilchen, die den Zähnen schaden können, zu reinigen. Vermeiden Sie direkt nach dem Essen anstrengende körperliche und geistige Übungen. Eine ruhigere Tätigkeit, wie z. B. Spazierengehen, ist anzuraten. Menschen, die im Büro arbeiten und keine Zeit haben, nach dem Essen spazierenzugehen, können im Büro herumgehen oder einige T'ai Chi Ch'uan-Übungen versuchen, um die Verdauung zu unterstützen.

Kleidung

Der allererste Zweck der Kleidung liegt in ihrem Schutz für die Gesundheit. Indem die Kleidung den Körper vor Kälte, Regen, starker Sonne usw. schützt, hilft sie, Krankheiten zu vermeiden. Deshalb sollte Kleidung sauber, trocken und den wechselnden Wetterbedingungen angepaßt sein.
Leider unterschätzen oder mißachten viele Menschen die Gesundheitsfunktion der Kleidung. Einige ziehen sich nur an, um sich zu bedecken,

während andere nur an Äußerlichkeiten interessiert sind. Sie merken alle nicht, daß »modische« Kleidung tatsächlich die Gesundheit verschlechtern kann. Rauhe Stoffe können die Haut wund reiben. Sehr enge Kleidung behindert die Blutzirkulation. Selbst äußerst lockere Kleidung kann beim Gehen und Arbeiten hinderlich sein und ist bei Regenwetter schwer sauberzuhalten. Es gibt Bekleidung, die die verschiedenen Teile des Körpers angemessen schützen kann.

Wichtig ist der Kopf, denn er enthält das Gehirn und die meisten Sinnesorgane. Ein Hut schützt den Kopf vor Wind, Regen, Schnee, Kälte und strahlender Sonne. Er kann auch vor Ohrenentzündungen und Kopfschmerzen schützen. Der Hut sollte die entsprechende Größe besitzen und den vorherrschenden Wetterbedingungen entsprechen.

Ein Schal schützt den Nacken und oberen Brustkorb, ohne die Atmung zu behindern. Dieser Schutz ist wichtig für Hals und Lungen. Vor Zugluft schützt der Mann im Westen seine Brust mit einer Weste. In China tragen die Frauen ein Stück Stoff über der Brust, um Brüste und Zwerchfell zu schützen. Die Mode diktiert manchmal, daß die Frauen den Bauch zur Schau tragen. Das ist sehr schlecht, da durch einen freien Nabel der Körper sehr anfällig für Krankheiten an Magen, Darm und Lungen werden kann. Die Taille und der untere Teil des Rückens sind sehr empfindlich, denn dort befindet sich das Zentrum der Nervenbahnen und viele komplizierte Knochen. Wenn dieser Bereich ungeschützt gelassen wird, können z. B. kalte Winde unangenehme Rückenschmerzen verursachen. Bei Frauen ist der untere Teil des Rückens besonders empfindlich. Sich der Kälte auszusetzen, kann zu unregelmäßiger oder schmerzhafter Menstruation führen. Lange Röcke oder Hosen sind ein guter Schutz für Frauen.

Die gesundheitlichen Vorzüge von Schuhen sind nicht zu unterschätzen. Die Füße sind für den Körper genauso wichtig wie das Fundament eines Hauses für das Haus selbst. Die Füße beeinflussen alle anderen Aktivitäten, und man sollte sie nicht verletzen. Deshalb ist es wichtig, Schuhe nicht nach Maßgabe ihres Aussehens, sondern als Schutz für den Fuß zu wählen. Die Schuhgröße sollte stimmen. Wenn die Schuhe zu knapp sitzen, leiden die Füße. Auch hartes Material kann die Füße verletzen. Vermeiden Sie hohe Absätze, so daß das Gehen ausgeglichen und natürlich bleibt. Glänzende Schuhe sind schön, aber nicht unbedingt nützlich.

Der Schirm ist ein tragbarer Schutz für schlechtes Wetter. Wie es hier heißt: »Der Kluge trägt seinen Schirm selbst an einem Sonnentag bei sich.« Das bedeutet, daß er vorbereitet ist, wenn das Wetter sich unerwartet verändert. Der Schirm kann auch als Spazierstock benutzt werden, um das Gleichgewicht zu verbessern. Wenn Sie sich setzen, bringen Sie die Spitze des Schirms zwischen Ihre Füße und legen Sie beide Hände auf den Griff. Dies verbessert die Rückenhaltung.

Wohnung

Unsere Wohnung ist wie eine Festung: Sie ist gleichzeitig körperlicher und geistiger Schutz für uns und dient sowohl zur Ruhe als auch als Begegnungsstätte.
Die Räume sollten sauber, ruhig, trocken und vor Wetterextremen geschützt sein, so daß wir nicht krank werden. Heutzutage kann Komfort wie Klimaanlagen und Zentralheizung das Leben verbessern, jedoch aufgrund von menschlicher Gleichgültigkeit und Nachlässigkeit auch zu Schwierigkeiten führen. Obwohl eine Klimaanlage tagsüber oder am frühen Abend viele Vorteile mit sich bringt, kann man sich, wenn man sie vor dem Schlafengehen zu stark anläßt, erkälten. Wenn man schläft, hat der Körper weniger Kraft, die Kälte zu bekämpfen; kalte Luft senkt inzwischen die Raumtemperatur immer mehr, denn Nachtluft ist gewöhnlich kälter als Tagesluft. Die Klimaanlage sollte also nachts klein oder ganz abgeschaltet werden.
Im Gegensatz dazu ist ein geheiztes Heim im Winter sehr angenehm. Wenn die Räume abends jedoch zu warm sind, ist es möglich, daß Familienmitglieder – vor allem Kinder – sich nicht genug zudecken, wenn sie ins Bett gehen. In Sozialwohnungen wird die Heizung nach Mitternacht abgedreht oder gesenkt. Die Kälte des Morgengrauens macht den nicht bedeckten Schläfer empfänglich für Erkältungen, Grippe oder Lungenentzündung. So ist es gut, die Temperatur ungefähr eine Stunde vor dem Schlafengehen zu senken und sich fürs Bett warm anzuziehen. Wenn Sie in einer Sozialwohnung wohnen, wo die Räume zu warm sind, öffnen Sie kurz die Fenster, um die richtige Temperatur herzustellen. Durch mehr Achtsamkeit können Sie gemäßigte und gesunde Temperaturen erzeugen.
Komfort und Gesundheit erfordern eine saubere und gesunde Umgebung. Pflanzen in der Wohnung dienen nicht nur zur Dekoration, sondern sie sind auch von Vorteil für die Gesundheit. Durch sie wird die Luft, ebenso wie durch die Ventilation, mit zusätzlichem Sauerstoff angereichert.
Die Räume sollten sauber und kaum möbliert sein. Wenn möglich, halten Sie Katzen, Hunde, Vögel und ähnliche Haustiere außerhalb der Wohnräume. Sie verderben die Luft, stören mit ihrem Lärm die Ruhe und verbreiten Haare oder Federn auf Möbeln und Speisen.
Sicherheit ist ein weiterer Punkt. Halten Sie zerbrechliche Türen und Fenster zum Schutz geschlossen.
Wenn die Umgebung zu warm ist, fühlt sich der Körper bald unwohl. Der Appetit läßt nach, die Haut kann nicht mehr richtig atmen. Obwohl sich der Körper erschöpfter fühlt, ist das Schlafen schwierig. Diese körperliche Müdigkeit, die durch intensive Wärme entsteht, schwächt die Abwehrfähigkeit des Körpers gegen Krankheit.

Die moderne Technik hat die Mittel geschaffen, solcher Wärme zu entfliehen, oder zumindest die Situation ertragbar zu machen. Ventilatoren und Klimaanlagen senken die Temperatur in einem Raum. Achten Sie jedoch darauf, den Raum nicht zu schnell abzukühlen, insbesondere wenn Sie lange Zeit im Warmen waren. Ein Ventilator sollte auch nie direkt auf den Körper gerichtet sein, denn das kann bewirken, daß die Muskeln steif werden und Sie sich erkälten. Der Abend ist gewöhnlich kälter und bringt Luft, die mindestens so frisch ist wie die durch eine Klimaanlage gefilterte.

Eine zu kalte Umgebung ist auch nicht allzu gut für die Gesundheit. Kühle Luft kann zu Keuchhusten, Nasenverstopfung, tränenden Augen, Körperschmerzen, Schleim in den Lungen, körperlichem Unbehagen und ernsteren Formen der gewöhnlichen Erkältung, wie Grippe und Lungenentzündung, führen.

Wieder machen es moderne Heizsysteme einfacher als in der Vergangenheit, die Raumtemperatur zu kontrollieren und dabei Kälte zu vermeiden.

Eine andere gute Möglichkeit besteht darin, wärmere Kleidung zu tragen. Aber achten Sie darauf, nicht zu sehr unter Pullovern und wärmender Unterwäsche ins Schwitzen zu kommen, außer daß es draußen wirklich kalt ist oder sogar Frost herrscht. Kinder und alte Leute sind besonders empfindlich gegen Husten und Erkältungen, die durch zu starken Wind entstehen, denn ihre körperliche Widerstandsfähigkeit ist nicht allzu stark. Durch den Wind können Atemschwierigkeiten entstehen, Muskelschmerzen und auch Menstruationskrämpfe. Der beste Schutz besteht darin, in einem Haus alle Zugluft auszuschalten und draußen Nase und Mund zu bedecken. Atmen Sie nicht direkt gegen den Wind, denn dies vergrößert die Gefahr, innere Organe zu verletzen. Der Wind trägt auch Schmutz, Insekten und kleine Teilchen mit sich, die mit hoher Geschwindigkeit aufs Auge treffen können. Um die Augen zu schützen, tragen Sie eine Wind- oder Sonnenbrille.

Feuchtigkeit stellt sich ein, wenn die Luft voll Wasserdunst ist. Bei nassem Wetter niest man leicht, hat juckende Augen und das Atmen fällt schwer. In China erhitzten wir feuchte Luft mit Kohlefeuern. Heutzutage können sogenannte »Entfeuchtungsmaschinen« die Nässe aus der Luft herausziehen und sie zu Wasser machen.

Zu trockene Luft ist auch ungesund. Sie greift auf unangenehme Weise Hals und Augen an, trocknet die Haut und das Innere der Nasenlöcher aus und spaltet die Lippen und macht sie brüchig. Wie sich denken läßt, hat die Wissenschaft hier den »Befeuchter« erfunden, der in Form von Dampf Feuchtigkeit in den trockenen Raum pumpt.

Wenn man sich im Freien in zu viel Wasser – Regen, Schnee usw. – befindet, so ist das nicht allzu gut. In schlecht gelüfteten, naßkalten

Räumen oder Kellern besteht jedoch ebenfalls die Gefahr der Feuchtigkeit.
Erinnern Sie sich auch an die obige Warnung in bezug auf für Ihre Gesundheit schädliche Situationen, wie z. B. starkes Schwitzen bei extremer Kälte oder Wind. Starke Nässe läßt Hautentzündungen entstehen, Husten und Erkältungen, Rheuma und sogar Tuberkulose. Wenn Sie in ein Unwetter geraten, trocknen Sie sich ab und wechseln Sie sofort die Kleidung.
Wie wir gesehen haben, zeigt uns die Technik viele Wege, uns vor den Wetterextremen zu schützen. Aber die Menschen leiden immer noch an Krankheiten, die durch diese äußeren Kräfte entstehen, und so können sie ihren Geist nicht allzuleicht entspannen. Meistens entstehen diese Krankheiten durch menschliche Unaufmerksamkeit und Nachlässigkeit. Ich ging z. B. einmal in einem heftigen Regenguß hinaus, um einen Lehrerfreund zu besuchen. Als er sah, daß ich ganz durchnäßt war, riet er mir, sofort meine nassen Kleider zu wechseln. Ich lehnte es ab und versicherte ihm, daß es mir gut ginge. Innerhalb eines Monats hatte ich Rheuma.

Tägliche Aktivitäten

Tägliche körperliche Aktivität war der Gegenstand vieler meiner Bücher, einschließlich meines *»Taoist Health Exercise Book«*[1] und des kommenden *»T'ai Chi Ch'uan and Meditation«*.
In diesem Abschnitt werden wir die Aspekte täglicher Aktivität behandeln, die für ältere Leute von Bedeutung sind.
Gehen, Stehen, Sitzen und Sich-Anlehnen sind Dinge, die ein jeder ausführen kann. Taoistische und konfuzianistische Weise besitzen langbewährte, einfache Methoden, die Gesundheit zu verbessern und das Leben zu verlängern. Hier ein Spruch, wie die tägliche körperliche Aktivität dazu beiträgt:

Gehen wie der Wind.
Stehen wie die Pinie.
Sitzen wie die Glocke.
Schlafen wie der Bogen.

Zu viel Anstrengung beim Gehen verbraucht unnötige Energie und ermüdet den Gehenden über Gebühr.
Eine leichte und natürliche Gangart, fließend wie der Wind, ist entspannender. Die Pinie steht aufrecht, fest, zuverlässig, nicht nach der einen oder anderen Seite geneigt.
Wenn möglich, stehen Sie mit dem Gewicht des Körpers auf einem Bein, auf dem anderen Fuß sind Sie »leicht« oder gewichtslos. Wenn dies

ermüdend wird, verlagern Sie das Gewicht auf den anderen Fuß. So eine Übung beeinflußt die Blutzirkulation positiv und entfernt Spannungen von Schultern und Hals.
Chinas Tempelglocken sind lang und gerade, nicht gekrümmt wie die im Westen. So sollte selbst beim Sitzen die Wirbelsäule aufrecht sein.
Beim Schlafen jedoch sollte Steife vermieden werden. Der Bogen ist gekrümmt, das läßt daran denken, daß der zurückgelehnte Körper in einer entspannten – anstelle einer leichenartigen – Haltung gebeugt sein sollte. So zu schlafen erleichtert das Atmen und hält die Gelenke locker.
Wir haben Li Ch'ing Yuen in diesem Kapitel schon erwähnt. Dieser Weise, der 250 Jahre alt wurde, verglich einige dieser Haltungen mit denen, die im allgemeinen von Tieren eingenommen werden:

Gehe wie der Kranich.
Sitze wie die Schildkröte.
Schlafe wie der Hund.

Viele Menschen gehen sehr schlecht. Mit angespannten, gekrümmten Schultern, den Kopf nach unten, scheinen sie sich selber den Weg zu weisen, während ihre Füße sich den Boden entlang schieben. Im Gegensatz dazu ist der Kopf des Kranichs aufrecht und nach vorne gerichtet, nicht gekrümmt. Wenn er geht, setzt er einen Fuß flach auf den Boden, während der andere gewichtslos in der Luft schwebt. Diese Haltung gleicht der des *T'ai Chi Ch'uan.* Der Körper ist im Gleichgewicht, das Gewicht liegt eher in den Beinen als im Hals und den Schultern. Eine krumme Haltung beim Gehen drückt auf das Herz, vergrößert die Wahrscheinlichkeit, das Gleichgewicht zu verlieren, und ist, im ganzen gesehen, unbequem. Verlegt man das Körpergewicht auf den Fuß, der den Boden berührt, ist die durch die Krümmung verursachte Spannung gemildert. Wie beim *T'ai Chi Ch'uan* ist ein Fuß belastet, während der andere gewichtslos in der Luft schwebt.
Durch das flache Aufkommen des Fußes beim Gehen werden seine Venen und Arterien gepreßt und entspannt, was die Blutzirkulation verbessert. Das sind die Vorteile beim Imitieren des Kranichgangs.
Die Schildkröte kann uns ebenfalls etwas lehren und uns als Beispiel dienen. Dieses Tier ist bemerkenswert ruhig und passiv. Es meidet alle Reize und schreckt vor Angreifenden zurück. Beim Sitzen sollte der Mensch ebenso ruhig und entspannt sein, aber eine gerade Wirbelsäule behalten. Lassen Sie sich nicht von Lärm oder der jeweiligen Örtlichkeit ablenken.
Im Gegensatz dazu ist der Hund aufmerksam, selbst wenn er schläft, und kann leicht aufwachen, wenn er gestört wird. Menschen mit tiefem Schlaf versäumen es oft, sich vor Temperatur- oder Wetterveränderungen zu

schützen. Leichter Schlaf ist auch ein guter Schutz vor Dieben, Feuer und anderen Notfällen. Aber das Gleichnis von Li Ch'ing Yuen bezieht sich mehr auf die Körperhaltung und nicht nur auf die Aufmerksamkeit. Der Hund schläft mit geradem Nacken, die Vorderbeine nach außen und die Hinterhand gekrümmt. Menschen, die mit gekrümmtem oder angespanntem Nacken schlafen, haben Schmerzen, wenn sie aufwachen. Es heißt auch, daß man Alpträume hat, wenn man mit den Händen über dem Herz schläft. Die Haltung eines schlafenden Hundes zu kopieren, wäre jedoch sowohl körperlich als auch geistig bequem. Der Körper ist ganz natürlich entspannt, so daß das Blut ungehindert fließen kann und nicht durch angespannte Muskeln und Steifheit aufgehalten wird. Die inneren Organe können ebenfalls besser funktionieren, wenn der Schläfer diese Haltung einnimmt.

Dies war also ein allgemeiner Überblick über die richtige Anwendung der täglichen Aktivitäten zum Nutzen von Gesundheit und Langlebigkeit. Nach dieser kurzen allgemeinen Einführung über Gehen, Stehen, Sitzen und Zurücklehnen soll nun die praktische Anwendung jeder einzelnen Handlung besprochen werden. Dabei wird noch eine weitere Aktivität miteinbezogen, nämlich das Niederkauern, das besonders für Menschen, die unter Rückenschmerzen leiden, recht hilfreich ist.

Gehen

Wenn heutzutage ein Mensch unterwegs ist, so hat er unter zahlreichen Transportmöglichkeiten zu wählen. Man sollte jedoch bei all dem nicht die Bedeutung des einfachen Gehens unterschätzen. Für alltägliche Besorgungen geht jeder Mensch kurze Entfernungen, und sei es nur der Weg vom Wohnzimmerstuhl zum Vordersitz des Autos. Gehen kann aber auch benutzt werden, um das körperliche Wohlbefinden zu steigern, die Verdauung und die Blutzirkulation zu unterstützen und geistig zu entspannen. Unter Taoisten und Buddhisten ist Gehen als Übung sehr beliebt. Taoisten machen Gehmeditationen, wohingegen Buddhisten das Gehen mit der Bewegung einer fließenden Wolke vergleichen. Beide wenden es zusammen mit der Sitzmeditation zur Erlangung von Gesundheit und langem Leben an. Die Funktion des Gehens läßt sich also in der gewöhnlichsten wie in der außergewöhnlichsten Situation betrachten.

Bei dieser Vielzahl von Möglichkeiten muß jede Art des Gehens anders betrachtet werden. Geht man als Fußgänger einfach auf der Straße, sollte man entspannt und aufmerksam sein und darauf achten, Unfälle zu vermeiden. Umweltverschmutzung ist für den Städter immer wieder eine Herausforderung. Anstatt die Straßen an Kreuzungen oder in der Mitte eines Häuserblocks zu überqueren, sollten Sie es in einiger Entfernung von der Kreuzung tun, um so der dichtesten Ansammlung von Auspuffgasen zu entgehen, aber immer noch fähig zu sein, den Verkehr zu überblikken. Wenn Sie zu dieser Zeit nur leicht atmen, so verringert das die Wirkung der Schmutzstoffe auf Ihren Körper.

Das Sonnenlicht ist ein weiterer Faktor beim täglichen Laufen.

Versuchen Sie, im Winter so viel wie möglich in der Sonne zu laufen. Im Sommer jedoch bewahren Sie sich vor zu intensiver Sonnenbestrahlung.

Einen Spaziergang zu unternehmen ist in Absicht und Ausführung etwas anderes, als nur auf die Straße zu gehen. Sein Zweck ist körperliche und geistige Entspannung, nach einer Mahlzeit z. B. und morgens oder abends vor dem Schlafengehen. Es stellt eine ruhige Art von Übung dar, bei der man sich nicht unnötig anstrengen oder aufregen sollte. Parks oder die freie Natur auf dem Land sind die beste Umgebung, weil es dort Bäume und Vegetation gibt und kaum Menschen. Wenn Sie spazierengehen, gehen Sie langsam, und lassen sie ernste, düstere Gedanken zurück. Da bei dieser Art von Gehen kein festes Ziel besteht, ist der Spaziergänger frei, in jede Richtung zu laufen, kann anhalten, wenn es ihm gefällt und im allgemeinen den Launen des Augenblicks folgen. Während diese Freiheit gut für die geistige Entspannung ist, achten Sie auch darauf, daß die Muskeln und Gelenke sich beim Gehen entspannen. Wenn Sie regelmäßig jeden Tag spazierengehen und sich dabei vornehmen, jedesmal etwa dieselbe Entfernung in derselben Zeit zurückzulegen, so erweist sich das als eine einfache und gesunde Art von Übung, die besonders älteren und kranken Menschen nützlich sein kann. Anstrengende Übungen sind für Kranke oder ältere Leute nicht zu empfehlen, da sie zu Schwächungen oder Überbcanspruchung führen können. Jogging jedoch, eine kontrollierte Art langsamen Laufens, bildet eine Brücke zwischen Spazierengehen und körperlich anspruchsvollen Übungen. Jogging hat in den letzten Jahren im Westen sehr an Popularität gewonnen. In alten taoistischen Schriften ist jedoch schon vor langer Zeit von *shieng chio* die Rede gewesen, einer Art meditativen Joggings.

Taoistisches Jogging und *T'ai Chi Ch'uan* haben einiges gemeinsam: den in sich ruhenden Geist, den entspannten, aufrechten Oberkörper und die Verlagerung des Gewichts von einem Bein auf das andere.

Jogging kann zu Anfang langsam durchgeführt werden, mit der Zeit läßt sich die Geschwindigkeit erhöhen[2]. Natürlich unterscheidet sich eine solche Art des Gehens drastisch von der des Durchschnittsfußgängers.

Stehen

Obwohl es weniger häufig als Gehen und Sitzen vorkommt, ist Stehen eine tägliche Aktivität, die einen Hauptfaktor für Gesundheit und langes Leben darstellt. Die Taoisten üben meditatives Stehen. Während die Augen ohne allzu intensives Starren nach vorne gerichtet sind, werden Aufmerksamkeit und Atem tief in den Unterleib gelenkt. Die Zunge liegt am Gaumen an und vermag so, die Speicheldrüsen anzuregen. Der Oberkörper sollte aufrecht sein, die Schultern jedoch entspannt, die Arme hängen ganz natürlich herunter. Die Kniegelenke sind gelockert, auf den gebeugten Beinen ruht das gesamte Körpergewicht. Achtzig bis neunzig Prozent dieses Drucks ist auf ein Bein konzentriert, während das andere leicht und gewichtslos bleibt. Wenn das eine Bein Ruhe braucht, wird das Gewicht auf das andere verlegt. In taoistischer Terminologie findet dabei ein Wechsel zwischen *yin* (schwer) und *yang* (leicht) statt.

Es ist besser, das meditative Stehen in einem Park, einem Garten oder auf dem Lande auszuführen. Dichtes Blattwerk verschafft frischen Sauerstoff, und die Blumen geben Lebenskraft. Atmen Sie diese kraftgebende Atmosphäre ein und nehmen Sie sie tief in Ihren Unterleib hinein. Die Frühlings- und Herbstmonate haben die gemäßigste Temperatur und die klarste Luft.

Zugegeben, meditatives Stehen ist eine sehr spezialisierte Art des Stehens, aber Sie können Aspekte des meditativen Stehens auch auf Alltagssituationen übertragen. Wenn Sie während einer Unterhaltung oder beim Warten in einer Schlange stehen müssen, lehnen Sie sich nicht an und lassen Sie nicht schlaff den Körper hängen. Eine gute Haltung, ein in sich ruhender Geist und (wenn möglich) angenehme Umgebung sollten als grundlegende Faktoren für ein gesundes Stehen gelten.

Sitzen

Sitzen ist eine sehr verbreitete tägliche Aktivität. Zuviel Sitzen jedoch macht den Körper steif. In regelmäßigen Abständen – jede Stunde oder halbe Stunde – sollte der Sitzende herumgehen, stehen oder einige einfache Übungen machen. Dies entspannt die Muskeln, lockert die Gelenke und regt den Blutkreislauf an. Regelmäßig zwischen Sitzen und Bewegen abzuwechseln ist besonders für Ältere und diejenigen, die sich von einer Krankheit erholen, anzuraten.

Der im Büro Arbeitende und der Musiker sind Anhänger zweier Berufe, die ein gemeinsames Problem teilen: es ist ihnen selten möglich, regelmäßige Abstände von Sitzen und Bewegungsübungen einzuhalten. Nichtsdestoweniger sollten sie eine gesunde Haltung einnehmen und versuchen,

mit ihrem Körper wenigstens eingeschränktere Übungen durchzuführen.
Sitzen Sie, die Zunge am Mundgewölbe, mit aufrechtem Kopf und gerader Wirbelsäule, aber ohne Steifheit oder Spannung.
Schreibkräfte, die ihren Tisch nicht auf längere Zeit verlassen können, sind besonders anfällig für Rücken- und Kopfschmerzen. Sie sollten mit ihren Schultern kreisen, um verspannte Muskeln geschmeidig zu machen und sich lockern, indem sie sich von Zeit zu Zeit um die Taille drehen und so gegen die zusätzliche Muskelbeanspruchung angehen.
Sie können auch das Gewicht von einer Hüfte auf die andere verlegen und die Sitzhaltung ändern, wenn der Kreislauf behindert zu sein scheint. Ob man zum Arbeiten oder Ausruhen sitzt, die Höhe des Stuhls spielt immer eine Rolle. Er sollte die Höhe der Knie weder über- noch unterschreiten.[3]

Zurücklehnen und Schlafen

Zurücklehnen und Schlafen ist für alle – insbesondere die Alten und Kranken – wesentlich, um Energie zu bewahren. Viele Taoisten haben sich dem meditativen Schlafen zugewandt, um Gesundheit und Langlebigkeit zu vergrößern.
Wenn Menschen Schwierigkeiten haben, genug Ruhe zu bekommen oder leicht einzuschlafen, so kann das Problem eine falsche Methode sein. Junge Leute brauchen eine harte Matratze zu starker Stütze und Förderung einer guten Haltung. Die Knochen älterer Leute jedoch sind empfindlicher und trockener.
Wenn Holzklötze die Matratze stützen, sollte die Matratze dann aber doch weich und bequem sein, um unnötige Schmerzen in den Knochen zu vermeiden. Gute Matratzen sind besonders wichtig für diejenigen, die längere Zeit ans Bett gefesselt sind.
Wenn die Schlaflosigkeit weiter anhält, stehen Sie auf und gehen Sie ein wenig. Wechseln Sie zwischen Sitzen und Stehen. Um Körper und Geist zu entspannen, atmen Sie tief in den Unterleib. Bald sollte es weniger schwierig sein zu schlafen. Mein *Taoist Health Exercise Book* enthält noch mehr Informationen über meditatives Schlafen[4] und bevorzugte Schlafstellungen[5].

Kauern

Im 2. Kapitel wurde gesagt, daß die Wirbelsäule in den Kinderjahren von Natur aus gerade ist, sie aber, wenn der Mensch älter wird, sehr gekrümmt werden und ernsthafte Rückenschmerzen verursachen kann.
Eine gute Methode, diese Schmerzen zu lindern und eine schlechte

Haltung zu korrigieren besteht im Hinkauern. Jüngere Leute können es täglich tun, um die Geradheit ihrer Wirbelsäule zu verbessern. Ältere Leute, vor allem diejenigen, die mit extremen Krümmungen oder Rükkenleiden zu tun haben, sollten das Niederkauern mit Vorsicht ausführen, um sich vor weiteren Komplikationen zu bewahren. Die Methoden für regelmäßiges und meditatives Hinkauern sind in meinem *Taoist Health Exercise Book*[6] genauer beschrieben.

Wir wollen mit den täglichen Aktivitäten und ihrem Einfluß auf Gesundheit und Langlebigkeit zum Ende kommen. Es wurde in diesem Kapitel gezeigt, wie gemäßigte Übungen selbst während der gewöhnlichen täglichen Arbeiten sowohl dem Geist als auch dem Körper von Nutzen sind.
Es muß jedoch betont werden, daß ein Mißbrauch dieser Übungen durch Übertreibung oder Mangel an Geduld Streß bewirken, Überbeanspruchung hervorrufen und körperliche Schäden verursachen kann. Ältere Leute sollten diesen Ratschlag besonders befolgen, da sie sich vielleicht absichtlich oder unabsichtlich übernehmen und sich dadurch schädigen.
Natürlich hat ein jeder Teil an so gewöhnlichen täglichen Aktivitäten wie Gehen, Stehen, Sitzen und Schlafen oder Zurücklehnen. Zu viel Laufen oder Gehen kann jedoch die Bänder beschädigen, während übermäßiges Stehen die Knochen verletzt. Das Kreislaufsystem, ganz besonders Puls und Blutfluß, kann durch ständiges Sitzen behindert werden. Zu viel Schlaf macht den Kopf benebelt und hält von klarem Denken ab.
Auch bei anderen täglichen Aktivitäten ist Maß zu empfehlen. Überanstrengen Sie Ihre Augen nicht durch zu viel Fernsehen oder zu langes, ununterbrochenes Lesen. Dies intensive und unaufhörliche Schauen behindert die Vitalität. Kontrollieren Sie auch Ihre Zunge, denn Dauerredner verletzen ebenfalls ihre Vitalität und verhindern die gesunde Produktion von Speichel. Sie sollten auch nicht zu viel essen, denn das greift die inneren Organe an und bedroht Gesundheit und Wohlbefinden. Kurzum, seien Sie in allem, was Sie tun, maßvoll. Mißbrauchen Sie Ihren Körper nicht aufgrund von zu viel oder zu wenig Aktivität. Mit Achtsamkeit und gesundem Menschenverstand können Sie ein sehr langes und gesundes Leben führen.

Anmerkungen

1 New York: Links Books, 1974
2 Weitere Einzelheiten, *ibid.*, S. 68–72
3 Weitere Einzelheiten, *ibid.*, S. 39–41
4 *Ibid.*, S. 22–24
5 *Ibid.*, S. 24–27
6 *Ibid.*, S. 63–64

8. KAPITEL

Selbstbehandlung: Massage- und Akupressur-Methoden

Die chinesischen Zeichen *an* (Druckanwenden) und *mo* (Wunden oder schmerzende Stellen am Körper reiben) ergeben zusammen *An Mo*, was dem westlichen Begriff der Massage entspricht. Massage beinhaltet eine Reihe von Druckanwendungen und anderen Griffen, mit denen auf die Gewebe und Muskeln des menschlichen Körpers eingewirkt wird. Sie kann ebenso von körperlichen Leiden und Schwächen befreien, wie auch durch Stärkung des Nervensystems, der Drüsen, Organe und Gelenke die Gesundheit verbessern und stärken.

Die chinesische Massage ist mit den alten medizinischen Wissenschaften der Akupunktur und Akupressur verbunden. Beide teilen den Glauben, daß es Punkte an der Oberfläche des Körpers gibt, die bestimmten Energiekomplexen bei den inneren Organen entsprechen. Durch Massage dieser Punkte können das *chi* und das Blut leichter zu der gewünschten Stelle gelangen – z.B. zu Herz, Leber, Blase, Nieren, Gallenblase, Dünn- und Dickdarm, Lungen und Nervenzentren von Energie und Wärme.

Es ist bekannt, daß jede Nation ihre eigene Massagetechnik hat, aber nur bei der chinesischen Massage werden die Meridiane ernst genommen. Zu Anfang war die chinesishe Massage so einfach, daß sie leicht selbst ausgeführt werden konnte. Später, mit zunehmender Geschicklichkeit, entwickelten Spezialisten neue Methoden und Ärzte begannen, die Menschen zu massieren. Man weiß, daß vor mehr als 4000 Jahren der Gelbe Kaiser (Hwang Ti) und sein Offizier Ch'i Po mehr als 10 Bände über *An Mo* besaßen.

In der Zeit der T'ang-Dynastie (618–905 n. Chr.) schuf die Regierung die Posten eines An Mo-Arztes und An Mo-Lehrers, so daß Studierende in neuen und alten Massagetechniken unterrichtet werden konnten. Während der Ming-Dynastie (1368–1628 n. Chr.) wurden im *Buch von An Mo* acht Massagetechniken angeführt – mit u.a.: nur drücken, nur reiben, drücken und reiben zusammen, kneifen, schütteln und schlagen oder stoßen.

Die Geschichte der chinesischen Massage – sowohl die selbstangewandte als auch die an einem anderen ausgeführte – umspannt mehrere Jahrhunderte.

Ich persönlich glaube, daß jede Massagetechnik wirksam und gut ist.

In diesem Kapitel beschränken wir uns auf die Techniken, die der

Selbstanwendung zugänglich sind. Selbstangewandte Massage ist nicht nur für die Kranken und Schwachen. Sie kann tagsüber mit vielen anderen gewöhnlichen Tätigkeiten gleichzeitig angewandt werden. Machen Sie Ihren Körper und Geist morgens beim Aufwachen durch eine Massage frisch. Massieren Sie nach einer Mahlzeit Magen, Herz und Brust, um die Verdauung zu unterstützen. Wenn Sie sich nach einer körperlichen Übung massieren, wird das Gleichgewicht zwischen yin und yang hergestellt. Wenn Sie nach der Arbeit müde sind, kann eine Massage helfen, körperlichen und geistigen Streß zu beseitigen. Lokalisieren Sie die Massage auf die Bereiche des Körpers, die am meisten von Ihrer Beschäftigung betroffen sind. Leute, die z. B. fast den ganzen Tag laufen, sollten ihre Beine reiben; im Sitzen Arbeitende sollten ihren Rücken massieren. Ein heißes Bad ist gut für die Blutzirkulation. Eine Massage nach dem Bad erhöht diese verbesserte Blutzirkulation und hilft, die Haut zu trocknen. Bevor Sie zu Bett gehen, haben Sie zum letzten Mal am Tag Gelegenheit, sich zu massieren. Massieren Sie den ganzen Körper, um die geistige und körperliche Spannung zum Abklingen zu bringen und leichter einzuschlafen. Wenn Sie das mindestens einmal am Tag tun, können sie sehr viel für die Gesundheit Ihres Körpers tun: die Blutzirkulation anregen, die Verdauung unterstützen und somit die Nahrung besser verwerten und das Hautgewebe elastisch machen.

Vergewissern Sie sich, bevor Sie massieren, daß der Körper sauber und trocken ist, so daß Sie nicht Schmutz und Feuchtigkeit in die Poren der Haut hineinreiben. Dies ist vor allem für die Sinnesorgane von Bedeutung. Das beste Reinigungsmittel für Augen und Nase ist Boraxlösung. Wenn diese nicht zu bekommen ist, reicht auch warmes Salzwasser aus. Beginnen sie mit dem Reinigen der Innen- und Außenseite der Nase. Fahren Sie mit den Augen fort, benutzen Sie dabei eine Augenschale oder ein einfaches Stück Watte, das Sie mit kühlem Salzwasser oder Boraxlösung tränken. Dadurch wird Juckreiz verhindert. Putzen Sie dann die Zähne und spülen Sie den Mund gut aus, um die restlichen Nahrungsteilchen zu entfernen. Waschen Sie sich nicht hinter den Ohren; benutzen Sie ein Stück Papier oder ein Tuch, um auch das Innere des Ohrs zu trocknen. Wenn eines dieser Gesichtsorgane verstopft ist, so kann das großen Schaden verursachen und negative Auswirkungen auf die täglichen Aktivitäten haben.

Nach den chinesischen Medizinbüchern sollte Krankheit behandelt werden, ehe sie zu ernsteren Komplikationen führt. Je länger jemand mit seinen Gesundheitsproblemen wartet, desto schwieriger ist es, eine Heilung zu erreichen. Die Weisheit der Präventivmedizin geht aus den Schriften Lao Tses (Kapitel 64) hervor:

> Wenn das Chaos noch nicht erschienen ist, ist es leicht, Frieden zu bewahren. Wenn noch keine Anzeichen aufgetaucht sind, ist es leicht, Maßnahmen zu treffen. Wenn etwas zerbrechlich ist, kann es leicht zerbrochen werden. Wenn etwas sehr klein ist, kann es leicht verstreut werden.[1]

Selbstbehandlung ist eine Art von vorbeugender Medizin. Sie geht sorgfältiger vor als die Massage und ist sehr wirksam bei Menschen, die frühe Symptome einer Krankheit bei sich entdecken. Wenn die Symptome bleiben oder sich verschlimmern, sollte man natürlich einen Arzt aufsuchen. Hat der Arzt jedoch einmal das tatsächliche Leiden diagnostiziert, so kann die ärztliche Behandlung von der Selbstbehandlung begleitet werden.

In China sind die Feinheiten der westlichen Medizin nicht allen zugänglich, besonders denen nicht, die in entlegenen Dörfern auf dem Lande leben. Obwohl es in China viele geschickte Ärzte gibt, verläßt sich diese Landbevölkerung oft lieber auf Menschen mit einem allgemeinen medizinischen Wissen. Wie die Druiden in Europa vor der Ankunft des Christentums, stehen diese Heiler, »Barfuß-Ärzte« genannt, mit den Volksüberlieferungen und Kräutern der Vergangenheit in Verbindung. Sie packen ihre Kräuter und Akupunkturgeräte in Kästen, setzen die Kästen auf jede Seite einer Stange und balancieren ihr Hab und Gut auf den Schultern von Dorf zu Dorf. In einer vor kurzem erschienenen *Book Review* der *New York Times* wurde das Buch *Handbuch eines Barfuß-Arztes*[2] von dem westlichen Arzt Michael Halberstam[3] mit Neugierde und etwas Herablassung aufgenommen. Es muß zugegeben werden, daß die Methoden eines Barfuß-Arztes einfacher und weniger kunstvoll sind als die im Westen angewandten, es sollte jedoch auch anerkannt werden, daß diese Behandlungen oft sehr wirksam sind.

In den letzten Jahren haben die Menschen im Westen einiges über die alte chinesische Praxis der Akupunktur erfahren. Mit diesem System werden Krankheiten behandelt, indem in die entsprechenden Punkte auf den Meridianen Nadeln gesteckt werden. Weniger bekannt ist eine ähnliche medizinische Wissenschaft, die Akupressur. Ihre chinesischen Zeichen sind *chih* (Finger) und *ya* (Druck). So bedeutet Chih Ya eher das Drücken auf die Meridianpunkte als das Hineinstecken von Nadeln. Akupressur sollte jedoch nicht mit einfacher Massage gleichgesetzt werden. Massage wird direkt auf die schmerzenden Punkte des Körpers angewandt, wohingegen der Akupresseur z. B. Verstopfung behandelt, indem er einen Punkt auf der Hand oder dem Fuß des Patienten berührt, anstatt direkt auf den Unterleib einzuwirken. Eine grundlegende Form der Akupressur kann man an sich selbst ausführen, jedoch besitzen Akupressurärzte oft besondere, heilende Kräfte.

Das im *tan t'ien* gespeicherte *chi* wird zu einer konzentrierten Form gewaltiger Energie. Der Akupresseur leitet diese Kraft in seine Finger. Wenn er den Patienten berührt, wird die Energie übertragen und dringt in dessen Körper ein. Sie regt dort die Blutzirkulation an und löst Stauungen, ähnlich einem starken Strom, der den Fluß über sein Bett treten läßt.

Die besten Akupressurexperten lernen jahrelang, das *chi* oder die innere Energie zu beherrschen, um so immer mehr Kraft in ihren Händen zu sammeln, ähnlich einem Elektrogenerator, der ständig Kraft speichert und produziert. Es gibt natürlich Spezialisten der verschiedensten Erfahrungsgrade und Wirkungskraft. Jeder hat seine eigene Technik. So können, auch wenn dieselben Meridiane zur Heilung desselben Leidens behandelt werden, bei zwei verschiedenen Akupressurärzten trotz Behandlung desselben Punktes unterschiedliche Ergebnisse herauskommen oder dasselbe Ergebnis trotz Behandlung verschiedener Punkte.

Die Ergebnisse solcher Behandlungen können nichtsdestoweniger überraschend sein. Ein Freund von mir, Dr. Chia Lin Song, besitzt besonders starke Hände. Er studierte viele Jahre im Shao Lin-Tempel Boxen. Seine Akupressurbehandlungen haben Leiden geheilt und Zustände verbessert, die von westlichen Ärzten als unheilbar bezeichnet worden waren. Eine meiner Schülerinnen litt z.B. schrecklich an Menstruationsbeschwerden. Nicht einmal ihr Vater, ein seit 20 Jahren anerkannter Arzt, konnte ihr helfen. Als sie, um Hilfe zu bekommen, in ein Krankenhaus ging, riet man ihr, einen Kaiserschnitt machen zu lassen. Sie ging jedoch zu Dr. Song und erhielt sofortige Hilfe. Sie läßt sich nun weiterhin jeden Monat zur Zeit ihrer Menstruation mit Akupressur behandeln. Die Geschichte der Akupressur enthält zahllose solcher Anekdoten, die zum Teil Tausende von Jahren zurückliegen. Während der Herrschaft von Hwang Ti waren seine Truppen in einen bitteren Krieg gegen Barbaren, die Ch'ih Yu, verwickelt. Viele wurden im Kampf verwundet, und sie litten unter dem schlechten Wetter und dem Mangel an Proviant. Um die Kranken und Schwachen auf dem Schlachtfeld zu behandeln, wurde Akupressur angewendet.

Zur Zeit der kämpfenden Staaten (403–221 v. Chr.) war der Bürgerkrieg so allgegenwärtig, daß viele neue Formen von Chih Ya entwickelt wurden, um die Schmerzen der Kämpfenden zu lindern. Einige davon stellten eine große Verbesserung dar und wurden bei den Bürgern in den Friedenszeiten populär.

Es heißt, daß während der Zeit der kämpfenden Staaten ein gewisser Kung Sun Chin am Rücken verwundet wurde und die Stelle böse anschwoll. Er entkam der Gefangennahme, indem er wie ein Verrückter davonrannte. Einer seiner Freunde sah ihn und gab ihm im Scherz einen Stoß auf den Rücken, da er nicht wußte, daß er verwundet war. Kung Sun

Chin drehte sich zu seinem Freund um und fühlte sich sofort besser. Am nächsten Tag war die Verletzung verschwunden. Kung Sun Chin beschloß, dem Grund für seine Heilung nachzugehen. Er experimentierte mit sich selbst und entdeckte dabei viele Meridiane und Einbuchtungen in seinem Körper. Durch jahrelanges Experimentieren fand er heraus, daß die Anwendung von Akupressur etwas anderes als Akupunktur war. Er schuf sein eigenes System, arbeitete sowohl für Soldaten als auch für Bürger und verdiente seinen Lebensunterhalt durch die Ausübung und Lehre dieser Technik. Später gebrauchte er seine Finger, welche die Energie besser konzentrieren als die Faust. Über viele Jahre hinweg arbeitete er an seiner inneren Stärke und benutzte seine durch im Wissen um den Kampf entstandene Energie dazu, auf die Punkte am Körper seiner Patienten einzuwirken. Er lernte, die Blutzirkulation zu beschleunigen, kalte Punkte aufzuwärmen und Krankheiten zu heilen. Dies war wirksamer als die Anwendung von Nadeln oder Muskelkraft. Er untersuchte viele Krankheiten, deren Ursprung mit der Behinderung der Blutzirkulation in Zusammenhang stand. Er verfolgte die Nervenbahnen, um den Ursprung des Leidens zu finden. Er entdeckte dabei, daß mehrere Nervenbahnen an Kreuzungspunkten zusammentreffen. Also wirkte er stimulierend auf diese Punkte ein und hatte Erfolg.

Schließlich wurde diese Heilmethode aber auch ein Mittel, um zu töten. Eine Form von Akupressur namens Tien Mo (Punkt des Pulses) wurde erfunden, mit Hilfe derer der Angreifer mehr Energie als nötig anspeicherte. Er konnte dann den Puls oder gewisse Meridianpunkte des Gegners berühren und ihn dadurch lähmen oder sogar töten. Verschiedene Berührungspunkte brachten verschiedene Ergebnisse. Eine Methode tötete sofort, eine andere schob den Tod um einige Tage auf, wieder eine andere konnte den Körper des Opfers einfach nur lähmen oder ihn stumm machen. Der eindeutige kämpferische Vorteil von Tien Mo bestand darin, daß – da die Mordwaffe nur in einer Berührung der Hand bestand – keine Anhaltspunkte übrigblieben, mit Hilfe derer die Ursache des Todes festgestellt werden konnte.

Als das Volk der Han sich gegen die mandschurische Dynastie (1644–1910) auflehnte, wurde Tien Mo eine solch verbreitete und tödliche Übung, daß die Regierung die Unterweisung darin verbot. Insgeheim blieb die Kunst des Tien Mo jedoch unter der Landbevölkerung Chinas lebendig.

Der stärkste Beweis, daß Tien Mo immer noch ausgeübt wird, kann vielleicht in der Person Bruce Lees gefunden werden. Als starker und geschickter chinesischer Boxer besiegte Bruce Lee viele Gegner aus Ost und West. Im Westen wurde er aufgrund seiner meisterhaften Vorführungen von Kung Fu und ähnlichen chinesischen Kampfkünsten zu einer Kultfigur. Auf der Höhe seines Ruhms ging es ihm eine kurze Zeit nicht gut, und dann, im Alter von 32 Jahren, starb er auf mysteriöse Weise. Bei ärztlichen Untersuchungen wurden keine Spuren von Wunden oder einer Krankheit entdeckt. Viele nehmen an, daß er ein Opfer von Tien Mo war. Tien Mo ist nicht die einzige tödliche Variante der Akupressur. Wenn jemand genug Angst hat, so kann ihn schon ein leichter Schlag mit der Hand oder ein Stoß mit der Faust verletzen. Manche glauben, daß der erfahrene Mörder sein Opfer allein durch Gedanken schädigen kann, ohne es zu berühren, aber das grenzt an Legenden.

Massage

Hier sind einige praktische Methoden der Selbstmassage aufgeführt, die helfen, Glieder und Gelenke anzuregen und zu entspannen, womit auch positiv auf die inneren Organe eingewirkt werden kann.

Handmassage

Die Hände bestehen aus komplizierten Verflechtungen von Arterien, Venen und Nerven. Viele der Meridiane, die zu den inneren Organen gehören, durchkreuzen auch die Oberfläche der Hände und Finger. So hat eine Massage, die die Hände entspannt, eine direkte Wirkung auf die Blutzirkulation und das Nervensystem und wirkt indirekt durch die Meridiane auch auf die Inneren Organe.
Jedesmal, wenn Sie sich die Hände waschen und abtrocknen, können Sie leicht verschiedene Arten von Handmassage durchführen. Halten Sie dabei die rechte Hand um die linke. Bewegen Sie beide Hände kräftig und wenden und drehen Sie dabei die linke. Wechseln Sie dann die Hände und wiederholen Sie dasselbe. Reiben Sie anschließend beide Hände aneinander, während die Finger ineinander verflochten sind. Halten Sie schließlich mit zwei Fingern der rechten Hand den linken Daumen und drücken Sie ihn an allen Stellen. Beginnen Sie am Daumenansatz und gehen Sie hinauf bis zur Fingerspitze. Wiederholen Sie dasselbe bei der Massage jeden Fingers beider Hände.

Fußmassage

Wie die Hände, so enthalten auch die Füße viele Arterien, Venen und Nerven. Es gibt sechs Meridiane, die von den Beinen hinunter zu den Füßen verlaufen: drei yang Meridiane (die auf Magen, Blase und Gallenblase wirken) und drei yin Meridiane (die auf Milz, Nieren und Leber

wirken). Die Füße sind sogar noch wichtiger, denn sie tragen das gesamte Körpergewicht. So sind gesunde Füße für die Gesundheit im allgemeinen sehr wichtig. Wenn am Bein oder Fuß etwas nicht in Ordnung ist, so hat das Auswirkungen auf den ganzen Körper, auf die Blutzirkulation, die Verdauung und sogar auf Herz und Gehirn.
Da Sie dies nun wissen, achten Sie darauf, Ihre Füße in guter Verfassung zu halten. Tragen Sie Schuhe in der richtigen Größe, und wenn es kalt ist, versuchen Sie, Schuhe zu tragen, die Ihre Füße warm halten. Die einzelnen Fußmassagen werden am besten morgens beim Erwachen und vor dem Verlassen des Betts ausgeführt. Reiben Sie die Füße – Sohle gegen Spann – aneinander. Benutzen Sie dann die Mitte des Fußballens (in chinesischen Schriften mit »sprudelnder Quelle« bezeichnet), um damit gegen den anderen Fuß zu reiben. Gebrauchen Sie dann den Fußbogen, um die Seite des Fußes und die Fußknöchel zu massieren. Massieren Sie zuerst den linken Fuß, und wiederholen Sie dasselbe dann rechts. Diese sehr einfache, entspannende Übung kann eine große Hilfe sein, um den Körper von Schläfrigkeit zu befreien und den Geist klar werden zu lassen. Sie wirkt entspannend und gleichzeitig anregend.
Wenn Sie Zeit haben, sollten Sie auch die Zehen massieren. Sie verdienen besondere Aufmerksamkeit, da sie, wann immer man geht oder steht, Arbeit verrichten, oft aber in Schuhe eingeengt sind und nicht viel trainiert werden. Sie können steif und unfähig werden und beim Gehen Schmerzen und Spannung verursachen.
Um die Zehen zu beleben, benutzen Sie zuerst den rechten Daumen und Zeigefinger und drücken Sie damit auf die linke große Zehe – von unten nach oben. Wechseln Sie dann Hände und Füße. Reiben Sie anschließend die große Zehe und die zweite kräftig aneinander, die drei kleinen Zehen folgen danach.
Fußmassagen können, wenn gewünscht, mehrere Male am Tag wiederholt werden. Durch regelmäßige Massage und Übung werden die Füße geschmeidig und das Gehen einfacher.

Handgelenkmassage

Verwenden Sie die Spitze des rechten Daumens dazu, die obere Seite des linken Handgelenks kräftig zu reiben. Reiben Sie dann das gesamte Handgelenk sanft mit der ganzen Hand. Wiederholen Sie dasselbe am rechten Handgelenk. Durch Entspannen des Handgelenks und durch Anregung der Blutzirkulation lassen sich Gicht, Rheuma und andere Leiden, die Schmerzen in Handgelenk und Arm verursachen, und sie steif machen, heilen.

Ellbogenmassage

Legen Sie den Daumen auf den inneren Teil des Ellbogens, die vier Finger auf die Knochen, und reiben Sie sanft vier- oder fünfmal diese Fläche. Reiben Sie sie dann mit der ganzen Hand.

Kniemassagen

Reiben Sie gleich morgens nach dem Aufstehen den Kniebereich mit einer warmen Hand. Dies wird das ganze Bein und den Fuß erwärmen, die Blutzirkulation anregen, Steifheit verhindern und Gicht und Rheuma heilen.

Akupressur

Hier sind einige praktische Methoden aufgeführt, die Sie selbst ausführen können und die kleinere Leiden wirksam beheben und den Schmerz erleichtern.

Kopfschmerzen

Drücken Sie hinter Ihren beiden Knien auf eine Weise, daß Ihre Arme ein Dreieck bilden, mit Ihrem Kopf an der Spitze. Die Daumen sollten auf den Schienbeinknochen liegen und die restlichen vier Finger hinter den Knien. Der Hauptdruck sollte von den Mittelfingern ausgehen.
Eine andere Art, Kopfschmerzen zu heilen – besonders, wenn sich der Schmerz in der Stirne befindet – besteht darin, jedes Handgelenk mit den vier Fingern der entgegengesetzten Hand zu fassen und zu drücken.

Bauchschmerzen

Greifen Sie mit den Fingern beider Hände ineinander und drücken Sie mit beiden Daumen auf einen Punkt 8 cm über dem Nabel. Setzen Sie diesen Druck ohne Unterbrechung fünf bis zehn Minuten lang fort.
Bei einer anderen Methode wird mit zwei Fingern auf einen Punkt unter den Knien gedrückt. Die Punkte müssen jedoch ganz klar festgelegt sein.

Leberbeschwerden

Stoßen Sie mit zwei Fingern in die linke Seite unter den Rippen. Drücken Sie gleichzeitig die rechte Handfläche flach gegen den Brustkorb. Setzen Sie den Druck fünf bis zehn Minuten fort.

Husten, Zahnschmerzen und Kopfschmerzen

Drücken Sie mit dem rechten Zeigefinger auf den fleischigen Teil der linken Hand, zwischen Daumen und Zeigefinger. Benutzen Sie gleichzeitig den linken Daumen, um auf denselben Teil der rechten Hand zu drücken. Drücken Sie kräftig und setzen Sie dies fünf bis zehn Minuten fort.

Gesichtsschmerzen

Legen Sie den rechten Daumen auf den fleischigen Teil der Unterseite der linken Hand und den linken Daumen auf die Oberseite der rechten Hand. Drücken Sie mit dem rechten Zeigefinger auf den Punkt am äußeren Teil des Handgelenks zwischen Hand und Arm.

Halsschmerzen

Drücken Sie in einem 45° Winkel mit allen vier Fingern beider Hände auf die Schlüsselbeine (nach innen). Der Druck sollte mittelstark sein und eine Weile anhalten.

Moxa und Feuerbehandlung

In China wird Akupunktur und Akupressur oft durch den Gebrauch von Moxas, *chiu* auf chinesisch, ergänzt. Diese Methode besagt, daß man, nachdem die Nadeln entfernt sind, den Akupunkturpunkt erhitzt.
Das Ziel ist, Kälte und Stagnation des Blutes aufzulösen, Schwellungen verschwinden zu lassen und die Blutzirkulation an dieser Stelle wieder zu normalisieren. Es gibt mehrere Arten der Hitzeanwendung. Eine Möglichkeit besteht darin, kleine Ingwerstückchen auf die zu behandelnde Stelle zu legen, dann einige getrocknete Beifußblätter (Moxa) zu verbrennen und sie in Kontakt mit der Haut zu bringen. Entweder, indem man eine kleine Anzahl von Blättern in einen Metallbehälter steckt und ihn auf

die Haut stellt, während die Blätter brennen, oder indem man eine kleine Menge davon direkt auf die Haut häuft und sie vorsichtig anzündet.
Obwohl diese Methoden hauptsächlich in Verbindung mit Akupunktur angewandt werden, können sie auch wirksam sein, wenn sie getrennt davon benutzt werden. Es ist nicht notwendig, die Hitze nur auf Akupunkturpunkte anzuwenden. Sie kann auch direkt auf einen schmerzenden Punkt oder einen bestimmten Bereich des Körpers einwirken: ich habe z. B. herausgefunden, daß dies besonders gut zum Lindern der Schmerzen bei Gicht und Rheuma ist.
Zu anderen Methoden der Hitzeanwendung, bei denen die Moxa nicht benutzt werden, gehört »Stülpen«. Hier wird in einem kleinen Gefäß ein Feuer gemacht, und, nachdem das Brennmaterial entfernt ist, wird dies Gefäß schnell über die zu erhitzende Stelle gestülpt. Der Gedanke hierbei ist, nicht nur Hitze anzuwenden, sondern auch mit Hilfe der dünnen, trockenen Luft in dem Gefäß die Gifte aus dem entsprechenden Bereich herauszuziehen. Das Feuer kann mit Papierstückchen gemacht werden oder durch Anzünden eines in Alkohol eingeweichten Dochtes. Die Technik des Stülpens ist relativ neu. Die alte Methode besteht darin, Bambusstäbe in kochendes Wasser zu bringen und dann, nachdem man sie sorgfältig abgetrocknet hat, die Enden auf die Haut zu drücken. Diese heiße, dünne Luft in den porösen Stäben hat dieselbe Wirkung wie die Luft in dem Gefäß.

Anmerkungen

1 Für eine andere Übersetzung siehe James Legge, *The Texts of Taoism,* (New York: Dover Publications, 1962) Bd. I, S. 107

2 *A Barefoot Doctor's Manual: Die Übersetzung des offiziellen chinesischen paramedizinischen Handbuchs* (Philadelphia: Running Press, 1977)

3 »Also Swat the Grasshopper«, New York *Times Book Review*, 22. Mai 1977, S. 10

9. KAPITEL

Chinesische Gesundheitskost

Mencius sagt »Wenn du Nahrung hast, wird alles wachsen; ohne Nahrung verkümmert alles«.

Verschiedene Arten von Nahrung können das geistige und körperliche Leiden beeinflussen. Wesen wie das Pferd oder die Kuh sind sehr stark, aber nicht sehr intelligent. Fleischfresser wie Löwe und Tiger oder Raubvögel wie der Adler sind sogar noch stärker, aber auch leichter zu ärgern. Das Erscheinungsbild der Nahrung hat auch seine Wirkung. Tiere, welche Haare wie Gras haben, essen Gras. Vögel essen die Blätter oder Früchte von Bäumen, und ihre Federn haben dieselbe Form wie die Blätter. Die Nahrung des Menschen ist vielfältiger. Er nimmt Fleisch, Gemüse und Früchte zu sich, und all dies macht ihn stark und intelligent.

Taoistische Medizin und Ernährung

Die meisten weisen Taoisten sind auch Ärzte und Kräuterkundige. Sie lernten, wie man Krankheiten heilt, die Gesundheit verbessert und die Lebensdauer verlängert. Sie glaubten, daß durch die Aufnahme der richtigen Nahrung Krankheiten geheilt und verhindert werden können, und so die Notwendigkeit, Medikamente zu sich zu nehmen, nicht mehr besteht.

Der legendäre König Sheng Nung, der »göttliche Ehemann«, der von 2757 bis 2697 v. Chr. regierte, machte Versuche mit allen Pflanzen, analysierte sie nach Geschmack, Farbe und Qualität und fand ihren Nutzen heraus. Angeblich ist die Sippe des »göttlichen Ehemannes« nach dem Untergang des Geschlechts Pao Hsi's, des sagenhaften Königs, entstanden. Sheng Nung spaltete ein Stück Holz für die Pflugschar, krümmte ein anderes für den Pflugsterz und lehrte so die Welt, die Erde mit dem Pflug zu öffnen. Er entnahm diese Idee wahrscheinlich dem Hexagramm I, das Zunahme bedeutet.

Im Laufe der Zeit hatte jede Generation ihre Weisen und Ärzte. Der bemerkenswerteste Arzt und Kräuterkundige ist Sun Ssu Mo. Er lebte 101 Jahre lang, von 581 bis 682 n. Chr. Verschiedene Kaiser wollten aus ihm einen wichtigen Arzt im Dienste der Regierung machen, aber er schlug das Angebot jedesmal ab. Er meinte, er sei der königlichen Familie nützlicher durch Forschung und Hilfe für die Armen. Viele der Mensch-

heit äußerst nützliche Erfindungen stammen von ihm. Der Kaiser nannte ihn »König der Heilmittel und Gott der Medizin«. Sogar noch heute wird er vom chinesischen Volk geachtet. So feierte z.B. vor einigen Jahren sowohl die Volksrepublik China als auch Nationalchina seinen Beitrag zur Pockenbekämpfung mit der Herausgabe einer ihm zugedachten Briefmarke.
Man sagt, daß Sun Ssu Mo, als er in seinem Geburtsort im Nordwesten Chinas, der heutigen Provinz Shensi, seine Laufbahn als Arzt begann, sehr wenig Patienten hatte. Das lag daran, daß er seine Kunst nicht von einem Experten, sondern selbst erlernt hatte und auch nicht aus einer Arztfamilie stammte. Nur die, die kurz vor dem Tode standen, nahmen ihn als letzte Zuflucht und starben, bevor die Diagnose beendet war. Man zögerte, ihm zu trauen. Als er sah, daß es an diesem Ort keine Hoffnung für ihn gab, Geld zu verdienen, suchte er sein Glück woanders. Er traf einen Wahrsager und fragte ihn, wo er hingehen könnte, um mehr Glück zu haben. Der Wahrsager antwortete ihm, daß sein Glück im Süden läge, und daß er, wenn die Schuhe seiner Frau ungefähr zehn Pfund wögen, beginnen würde, Berühmtheit und Glück zu erlangen. So reisten er und seine Frau nach Süden und überquerten den Yangtse, an dem es sehr feucht ist. Vor allem im Juni regnet es dort fast jeden Tag. Sie gingen auf der schlammigen Straße, und seine Frau fühlte sich sehr müde und bat um eine Ruhepause, denn ihre Schuhe waren schwer und voller Schlamm. Sun Ssu Mo erinnerte sich an die Worte des Wahrsagers, und so ruhten sie sich unter einer Weide aus. Auf einmal sahen sie, wie mehrere Leute einen Sarg dahertrugen, aus dem einige Tropfen Blut heraustropften. Sun Ssu Mo sagte »Wer auch immer in dem Sarg liegt, er lebt noch, denn wenn er tot wäre, könnte da kein Blut sein«. Man erzählte ihm, daß die Frau, die in dem Sarg lag, nicht gebären konnte und so gestorben war. Er öffnete den Sarg und setzte eine Akupunkturnadel an die Stelle über dem Herzen der Frau. Ihr Kind schrie, wurde geboren, und die Frau stieß einen langen Seufzer aus und öffnete ihre Augen. Dies ist die chinesische Geschichte über die Rettung eines Lebens durch eine Nadel. Von diesem Zeitpunkt an wuchs und verbreitete sich der Ruf Sun Ssu Mos.
Sun Ssu Mo zog sich später in die Berge zurück und schrieb mehrere Bücher. Eines heißt: *Tausend Unzen Goldrezepte.* In diesem Buch sagt er, daß, wenn die Krankheit entdeckt ist, sie zuerst durch Nahrung behandelt werden sollte. Erst wenn man mit der Nahrung keinen Erfolg habe, sollten Medikamente angewandt werden. Auch im Westen glaubt man daran, daß Krankheit durch eine entsprechende Diät verhindert werden kann.

Gerste

Viele verschiedene Arten von Nahrungsmitteln, die leicht zu vernünftigen Preisen zu bekommen sind, haben großen Nähr- und Heilwert und finden sich überall in der Welt. Dazu gehören z.B. Perlgraupen. Man findet sie überall, und in amerikanischen Supermärkten kosten sie ungefähr 50 Cents.

Früher wußte man um den Wert der Perlgraupen. In der östlichen Han-Dynastie (25–147 n. Chr.) gab es einen General namens Ma Yuan, der Vietnam eroberte. Weil Ma Yuans Geburtsort im Nordwesten Chinas lag, war er nicht an das vietnamesische Klima gewöhnt, welches feuchter war als bei ihm zu Hause und ihn krank machte. Um sein Rheuma zu heilen und innerlich ruhiger und nach außen hin kräftiger zu werden, aß er Gerste. Ma Yuan stellte fest, daß die in Vietnam produzierte Gerste größer war als die, die in China wuchs, und er brachte, als er siegreich nach China zurückkehrte, mehrere Karren Gerste mit. Der Kaiser gab ihm den Titel Fu Po Chiang Chun, was wörtlich bedeutet »General, der die Wellen eroberte«, denn Vietnam liegt nahe dem Meer. Seine Mitoffiziere waren jedoch eifersüchtig auf ihn und verunglimpften ihn, indem sie behaupteten, er ließe sich von Vietnam mit Perlen bestechen. Dies konnte leicht widerlegt werden, als es sich zeigte, daß vietnamesische Gerste wie Perlen aussah.

Heutzutage geben viele Regierungen Millionen für die Krebsforschung aus. Ein Arzt aus Nationalchina, William Chao, benutzt Gerste, um Krebs zu heilen. In seinem Buch *Wie heilt man Krebs* sagt er: »Natürlich gibt es verschiedene Ursachen und Arten von Krebs, die man mit verschiedenen chinesischen Heilmitteln behandeln muß; Gerste ist unter diesen Mitteln jedoch ein ganz wichtiges Element.« Auf S. 162 gibt er eine Beschreibung der Gerste:

»Der Geschmack ist leicht süßlich. Die Funktion besteht darin, die Urinbereitung und -ausscheidung zu unterstützen und die Gesundheit des Körpers zu verbessern. Es kann dem Krebspatienten helfen, seine Verdauung zu unterstützen und dem Körper wertvolle Nährstoffe zuzuführen. Wenn die Füße anschwellen, nehme man 10 bis 20 Gramm.«

In Japan hat Dr. Yashihica Vorträge über die Beiträge chinesischer Medizin zur Krebsheilung gehalten. Ein Rezept besagt, daß man von Gerste, Wasserkastanien, Ho Tze (eine Nuß mit zusammenziehender Wirkung, die bei Zahnschmerzen und als Magenmittel verwandt wird) und Ting Lin Ah (eine Art Kletterpflanze), je zweimal am Tag 10 g nehmen sollte. Die Japaner nennen die Mischung WTTC. Sie wird auch in Taiwan von der Shun T'ien T'ang-Gesellschaft hergestellt und soll helfen Bauchschmerzen und Krebs zu heilen. Bei einem Experiment ergab sich, daß nach drei Monaten von 168 Personen, die die Medizin genommen

hatten, 36% ihren Gesundheitszustand wesentlich gebessert fanden und 21% völlig geheilt waren.
1948 wurde beim Internationalen Krebsforschungstreffen bestätigt, daß Perlgraupen Krebs verhindern und heilen können.
Im alten chinesischen Buch *Vier göttliche Nahrungsmittel* wurden Gerste, *Pachyma Cocos*, Yamswurzeln und die Samen der Wasserlilie zusammen mit Reis gekocht als ein Vorbeugungs- und Heilmittel gegen Krebs angesehen.
Folgendes Rezept ist dem taoistischen Buch *Essen zur Ernährung* entnommen. Weichen Sie ungefähr 10 Gramm Perlgraupen etwa 2 Stunden in warmem Wasser ein, bis sie weich sind. Fügen Sie dann ungefähr ein viertel Pfund Reis hinzu und kochen Sie das Ganze. Wenn viel Wasser benützt wird, entsteht eine Art Schleim; bei weniger Wasser ist das Ergebnis dem normalen Reis ähnlich. Auf jeden Fall soll diese Mischung Rheuma verhindern, die innere Energie anwachsen lassen und gut für Magen und Verdauung sein.
Perlgraupen können auch auf folgende Weise mit Huhn zubereitet werden:

1 gesäubertes 2 oder 3 Pfd. schweres Hühnchen
60 Gramm Perlgraupen
1,5 Gramm *Cnidium Officinale*
30 Gramm gesalzene weiche Muscheln

Schneiden Sie das Hühnchen in Stücke und tun Sie es mit den oben angeführten Zutaten in einen Topf mit kochendem Wasser. Bringen Sie alles zum Kochen. Bedecken Sie dann den Topf und lassen Sie den Inhalt ungefähr zwei Stunden bei kleiner Flamme kochen. Fügen Sie Salz, Wein, Gemüse – Sellerie, Karotten, Zwiebeln – und Ingwer hinzu; lassen Sie das Ganze wieder sanft kochen, bis das Gemüse gar ist. Die Suppe allein ist gut bei Gichterkrankungen.

Wassermahlzeiten

Reis

Die Chinesen kochen Reis auf zwei verschiedene Arten. Die eine ergibt den normalen chinesischen Reis, wie man ihn im chinesischen Restaurant ißt. Bei einer anderen Art, Shi-Fan (Wassermahl oder Wasserreis), wird mit viel mehr Wasser gekocht. Der Reis kocht ungefähr 40 Minuten, zunächst, bis das Wasser siedet, bei starker Flamme, dann bei schwacher, wobei je nach Bedarf noch Wasser hinzugefügt wird. Der Reis behält seine Form. Die Chinesen essen ihn hauptsächlich zum Frühstück und als Mitternachtshappen. Da er leicht zu verdauen und nahrhaft für den Darm ist, eignet er sich besonders gut für alte und kranke Menschen oder für Kinder, die keine Milch bekommen. Er kann mit normalem Reis gemischt oder mit einer anderen Art von Getreide und sogar auch Gemüse, Fleisch, Huhn oder Fisch gemischt werden. Für medizinische Zwecke kann er mit verschiedenen Kräutern gemischt werden.

Es folgt die Aufzählung einiger Wassermahlzeiten und ihrer möglichen Wirkungen:

Getreide-Wassermahlzeiten

Weizen: Beruhigend, durstlöschend, wird bei Fieber benutzt.
Klebriger Reis: Als Beruhigungsmittel bei Durchfall und Erbrechen und zur örtlichen Anwendung bei Kinderpocken.
Normaler Reis: Harntreibend, durststillend und nahrhaft.
Rote Bohnen: Harntreibend, heilend bei Gicht, lösend bei Wassersucht.
Grüne Bohnen: Durststillend und besänftigend.
Gebräuntes Mehl: (braun gebratenes oder gebackenes Weizenmehl): benutzt, um »weiße Ruhr« zu heilen.
Gerstenkörner: Günstig für die Verdauungsorgane und heilend bei Rheuma.

Nuß- oder Samen-Wassermahlzeiten

Lotussamen: Zusammenziehend bei Durchfall und Ruhr; stärkt Milz und Magen.
Wasserliliensamen (Euryate Ferox): Zusammenziehend und stärkend; verbessert Hören und Sehen.
Wasserkastanie: Besänftigend für die Eingeweide, günstig für die Verdauungsorgane.
Kastanie: Stärkt Lenden und Beine, kräftigt die Nieren.
Aprikosenkern: Gemisch aus Pfirsich- oder Aprikosenkernen und -blüten: gegen Husten und als Beruhigungs- und Magenmittel.
Mohnsamen: Gut für den Dickdarm; durststillend.
Kiefernußkern: Gibt Lungen und Herz Feuchtigkeit und harmonisiert den Dickdarm.
Schwarzer Pfeffer, Boymia Rutoecarpa, Sumpfkraut (Polygonum hydropiper), Hanfsame: Dies alles sind Mittel gegen Blähungen, im einzelnen werden sie gegen Schmerzen in den Eingeweiden benutzt.

Sesamkerne, Kern der Prunes Japonica (jap. Pflaume): Helfen gegen Rheuma und geben dem Darm Feuchtigkeit.
Samen der Perilla Ocymoides: Mittel gegen Blähungen und stärkt das Zwerchfell.

Gemüse-Wassermahlzeiten

Radieschen: Zur Verdauung; gut für das Zwerchfell.
Karotte: Verdauungsfördernd, gegen Blähungen.
Portulak: Gegen Schwellungen und Rheuma.
Rübenkohl: Harmonisiert die Zentren (innere Organe), gegen Blähungen.
Laichkraut: Gut für Magen und Milz.
Spinat: Harmonisiert die Eingeweide und gibt ihnen Feuchtigkeit.
Hirtentäschelkraut: Gut für die Leber, klärt das Auge.
Sellerie: Besänftigend und gut für den Darm.
Malve: Spendet Feuchtigkeit bei Fieber; verdauungsfördernd.
Senf: Verhindert Ausdünstungen und vertreibt Schleim.
Lauch: Wärmt die Eingeweide.
Rhemannia Glutinosa: Wird zubereitet durch Kochen der Wurzel mit Reis. Wenn es fast fertig ist, Quark und Honig hinzufügen und trocken kochen. Danach die Mischung in Wasser kochen. Gut zur Stärkung des Blutes und als allgemeines Aufbaumittel.
Kartoffel: Stärkt die Nieren, Verdauungsorgane und männliche Organe.
Zehrwurzel: Als höchst nahrhaft betrachtet.
Mehl der Lilienknolle: Harmonisiert die inneren Organe, gibt den Lungen Feuchtigkeit.
Wilde Brustbeere: Stärkt die Galle und lindert Fieber.
Lycium Sinsense: Gut für Nieren und Blut.
Schalottenknolle: Heilmittel für alte Leute bei »kaltem Durchfall«.
Ingwer: Antiseptisch und erwärmend für die Eingeweide.
Roter Pfeffer: Verhindert Erkältungen und Malaria.
Fenchel: Heilmittel bei Brüchen, harmonisiert den Magen.
Gesalzene Zwiebel: Schweißtreibend und glättend für Muskeln.
Pachyma Cocos: Insgesamt nährend und stärkend.
Bambusblattextrakt (durch Auskochen): Reinigt das Herz und stillt den Durst.

Fleisch-Wassermahlzeiten

Schweine- Wild- oder Schafsnieren: Als stärkend betrachtet bei allen Krankheiten der Nieren.
Hühner- oder Schafsleber: Bei Krankheiten der Leber angewandt.
Enten-, Karpfen-, Ochsen-, Schafs- oder Hühnerbrühe: Bei Wassersucht angewandt und zum Vergrößern der Energie und allgemeinen Gesundheitsverbesserung.
Mehl mit Milch: Zur Stärkung der Vitalität.

Gewürze und Gemüse

Die folgenden auf gewöhnliche Art zubereiteten Gemüse und benutzten Gewürze haben auch medizinischen Wert. *Ingwer* ist gleichzeitig nützlich zur Würzung einer Speise wie auch als Kräutermedizin. Konfuzius aß nie ohne Ingwer. Er kann den Geschmack einer Mahlzeit verbessern, ist aber in seinem medizinischen Gebrauch von größerer Bedeutung: er bekämpft Erkältungen und Rheuma, erleichtert den Blutfluß und das Atmen und vergrößert die Wärme im Körper. Viele chinesische Rezepte enthalten Ingwer. Denn mit seiner Hilfe kann eine Medizin an den richtigen Punkt im Körper gelangen. Oft wird er in Verbindung mit chinesischen Datteln benutzt. Kristallisierter Ingwer kann nach dem Essen als Verdauungsmittel genommen werden.
Knoblauch wird nahezu überall in der Welt als Gewürz benützt und schmeckt sehr stark. Er kann aber auch Gifte im Körper neutralisieren, die sexuelle Energie anregen und Erkältungen und Tuberkulose bekämpfen. *Sellerie* hilft, hohen Blutdruck zu kontrollieren. Die *Lilienknolle* ist Nahrungsmittel, wird aber auch in der Medizin benutzt. Sie ist gut für die Lungen bei der Behandlung von Husten und Asthma. Sie wird als stärkend, ausscheidungsfördernd und brustreinigend betrachtet. Die Lilienknolle hat auch beruhigende Wirkung und kann bei nachgeburtlichen Depressionen heilend benutzt werden. Äußerlich wird sie bei Schwellungen und Geschwüren angewandt.

Vegetarische Diät

Vegetarische Ernährung wird zur Zeit im Westen immer populärer, besonders bei jungen Leuten. Viele Menschen leben teilweise oder ganz nach einer Diät mit biologisch dynamischen Produkten. (Gemüse, Früchte, Kräutertees, Säfte). Sie stellen dabei fest, daß ihre Energie zunimmt und sie sich gesund fühlen, ohne zuzunehmen. Es hat sich tatsächlich

erwiesen, daß diese Art von Diät ideal ist für die, die abnehmen müssen und angenehmere, gesündere Proportionen wiedererlangen wollen.
In den Catskill-Bergen in New York hat ein äußerst erfolgreiches Gesundheitszentrum, die New Age Health Farm, über die auch in den New York *Daily News*, dem *Harper's Bazaar* und der *Village Voice* berichtet worden ist, vielen Menschen geholfen, abzunehmen und ihre Gesundheit durch ein Programm von Übungen, Fasten und durch eine lactovegetabile Diät, die hauptsächlich aus biologisch-dynamischem Gemüse bestand, beträchtlich zu verbessern.
Vegetarische Diät und der Gebrauch von Kräutern wird auch befürwortet von Gesellschaften, die sich mit der Auswirkung von *T'ai Chi Ch'uan* auf Gesundheit und Verlängerung der Lebensdauer beschäftigen, wie z.B. die von Dr. David Sheinkin, einem Arzt in Rockland County, New York, und die von Susan De Long, einer T'ai Chi Ch'uan-Lehrerin in Philadelphia.

Früchte

Neben proteinhaltiger Nahrung und Gemüse sollte eine wohlausgeglichene Ernährung auch recht viel Früchte beinhalten. Früchte sind voll von Vitaminen und Mineralien und helfen, den Körper zu reinigen. Der Apfel als Gesundheitsträger hat sowohl in China als auch im Westen einen guten Ruf. In China verwendet man ihn zur Ernährung und als ein Mittel gegen Durchfall. Er ist gut für den Verdauungsapparat und wirkt auch gegen Kopfschmerzen. In Verbindung mit Honig hält er den Körper bei guter Gesundheit und macht die Haut weich und glänzend. In früheren Zeiten aßen chinesische Taoisten anstelle einer ganzen Mahlzeit einen Apfel. Bananen lassen sich auch zu jeder Jahreszeit und fast überall zu sehr vernünftigen Preisen finden. Sie enthalten etwas Protein und sind gut für Magen und Darm. Wenn sie reif sind, können sie bei Verstopfung und Durchfall helfen. Eine Banane mit Sesamöl ist wirksam bei schwerer Verstopfung.
Pfirsiche bekommt man am ehesten im Sommer und frühen Herbst. Sie sind reich an Vitaminen und gut für das Herz und die Blutzirkulation. Zuviele davon können jedoch Fieber bewirken. Wenn der Pfirsich übermäßig viel Härchen auf der Schale hat, sollte man ihn schälen oder die Härchen mit einem rauhen Papier entfernen. Die Frucht im Innern des Kerns hat großen medizinischen Wert – z.B. wird sie benutzt, um Husten zu lindern. Wenn die Menstruation einer Frau stockt, sollte sie zwanzig Pfirsichkerne zusammen mit einer Lotuswurzel kochen und die Mischung trinken.
Pflaumen kommen im Herbst auf den Markt. Wenn sie gepflückt werden,

sind sie grün, werden aber im Laufe der Reifung zunächst gelb, dann orange, und endlich rot. Sie können frisch gegessen oder, wenn sie reif genug sind, auch zu Saft verarbeitet werden. Sie können aber auch an der Sonne getrocknet werden. Ihr Geschmack ist süß. Pflaumen werden dazu benutzt, Lungenfieber und Asthma zu behandeln und von Schleim und Hustenanfällen zu befreien. Die Trockenpflaume wird für Magen, Milz, Lungen und Darm verwendet. Der aus den Pflaumen gewonnene Zucker dient zur Behandlung von Hämorrhoiden, hohem Blutdruck und blutigem Husten.

Chinesische Tees

Im Osten, besonders in China, trinken die Menschen Tee, wie man im Westen Kaffee trinkt. Die Blätter des Teebaums sind, wenn sie ganz zart sind, am besten. Die Chinesen trinken Tee zum Vergnügen. Sie trinken ihn langsam, poetisch, seinem Geschmack zuliebe und nicht nur, um den Durst zu stillen. Die chinesische Einstellung wird kurz dargestellt in der berühmten Novelle Tsao Hsueh-chin's *Der Traum des roten Zimmers.* Zwei junge Mädchen sprechen über die Art und Weise, Tee zu trinken. Die eine sagt: »Eine Tasse ist zum Vergnügen, zwei Tassen sind, um den Durst zu stillen, aber drei Tassen nennt man ›ein Esel, der Wasser trinkt‹.«
Die Chinesen haben mehr als tausend verschiedene Sorten von Tee. Manche Tees sind sehr teuer und unterscheiden sich durch den Preis stark von den anderen. Einige Chinesen lieben Tee so sehr, daß sie ihr Hab und Gut verkaufen würden, um ihn zu bekommen. In der T'ang-Dynastie schrieb ein Mann namens Lu Yu ein dreibändiges Buch, *Tza Ching* (Der Klassiker des Tees), genannt. Der erste Band analysiert die verschiedenen Sorten von Tee, berichtet über die Geschichte und den Ursprung des Tees und gibt Ratschläge für die Beurteilung der Qualität. Der zweite Band erklärt, wie man den Tee mit Hilfe von Quellwasser, Schneewasser, Regenwasser oder Wasser aus von verschiedenen Blumen und Bäumen gesammeltem Schnee zubereitet und den Tee über brennender Kohle, Bambus- oder Pinienholz kocht. Der dritte Band berichtet über die Instrumente, die bei der Teezubereitung benutzt werden, wie Ofen, Kannen und Tassen. Das Buch ging so in die Einzelheiten, daß manche Leute Lu Yu den Gott des Tees nannten.
Es gibt zwei Hauptkategorien von Tee: grünen Tee und schwarzen (roten) Tee. Der grüne Tee wird hauptsächlich im Sommer getrunken, der schwarze meist im Winter. Die Mongolen und Russen trinken schwarzen Tee vermischt mit Zucker und Milch, so wie im Westen Kaffee getrunken wird. Die Chinesen glauben, daß die Wirkung eines guten Tees auf den

Körper äußerst positiv ist. Er soll die Stimme stärken, den Augen Glanz verleihen, die Gesamtverfassung und geistigen Fähigkeiten verbessern und den Körper durch die Beeinflussung der Verdauung und die Regulierung der Körpertemperatur reinigen.
Die verschiedenen Namen und Sorten des Tees bezeichnen das Gebiet der Herkunft, die Zeit der Ernte und die Art des Blattes; manche Namen sind nur Handelsmarken.

1. *P'u – erh Ch'a* (Tee)... wird im P'uerh-Fu-Gebiet in der Provinz Yunan zwischen China und Burma hergestellt. Yunan ist eine Hochebene; P'uerh Fu ist ein gebirgiges, trockenes Gebiet. In dem Gebirge liegt ein See, P'uerh-h'a genannt, an dem der bessere Tee hergestellt wird. Dieser Tee hat zwei Farben, schwarz und grün. Der grüne neutralisiert Gifte im Verdauungstrakt, wirkt gegen Trunkenheit und vermehrt den Mundspeichel.
Früher preßten die Männer und Frauen, die den Tee sammelten, die Blätter in einer ballähnlichen, runden Form zusammen. Es gab drei verschiedene Größen, große, mittlere und kleine Ballen. Das große Format entspricht etwa sechs oder sieben Pfund, hat die Form eines Menschenkopfes und wird daher Menschenkopftee genannt. Um ihn leicht befördern zu können, wurde ein Loch in die Mitte gemacht und eine Schnur hindurchgezogen. Einzelne Stücke wurden mit einem Messer heruntergeschnitten. Aufgrund der modernen Transportmöglichkeiten wird der Tee heute nicht mehr so hergestellt.
Als ich jung war und eine Erkältung oder Magenverstimmung hatte, schnitt meine Mutter immer etwas von diesem Tee ab und kochte ihn für mich.

2. *Lung Ching Ch'a* (Tee)... bedeutet Tee der Drachenquelle. Drachenquelle ist eine Stelle, die sich im Hang-Chow-Gebiet in der Provinz Chekiang befindet, wo guter grüner Tee hergestellt wird. Er kann bei Fieber helfen und Speichelfluß bewirken. Im Sommer, zusammen mit Chrysanthemen, schmeckt er besser und ist besonders gut für die Augen.

3. *Shui-Sha-Lien-Ch'a* (Tee)... wird in Formosa hergestellt, wo der Wald so dicht voller Bäume steht, daß die Teeblätter nie Sonne bekommen. Deshalb ist er ein beruhigender Tee und wird zur Behandlung von Fieber benutzt. Auch wird er verwendet, um das Aufbrechen von Pocken zu bewirken.
Aufgebrühte Teeblätter werden oft in einen Topf getan, wo sie bleiben, bis die Blätter ihre Form verändern, um dann als Medizin verwandt zu werden. Je älter der Extrakt ist, desto wirksamer ist er auch bei der

Behandlung von äußeren körperlichen Wunden wie Hundebissen, alten Verbrennungsspuren, Quetschungen, Geschwüren und Schwellungen. Er wird direkt auf die Haut aufgetragen.

4. *Lung-Ch'i-Ch'a* (Tee)... wächst in der Provinz Kwangsi und wird oft zu Ziegeltee verarbeitet. Er wird als Heilmittel gebraucht bei Malaria und allen Arten von Vergiftungen und auch bei Durchfall und Ruhr.

5. *An-Hua-Ch'a* (Tee)... wird im An-Hua-Gebiet der Provinz Hunan hergestellt. Die Blätter bringen einen dunkelfarbigen Tee hervor, den man als schwarzen Tee betrachtet. Er hat einen bittersüßen Geschmack. Dieser Tee wird als normaler Tee benutzt, aber auch als medizinisches Heilmittel geschätzt.

6. *Hsiang-T'an-Ch'a* (Tee)... wächst im Hsiang-Tan-Gebiet der Provinz Hunan. Einst wurde er dem Kaiser, der Prinzessin und hohen Offizieren angeboten.

7. *Hsueh-Ch'a* (Tee)... bedeutet Schneetee. Er wächst in den Bergen von Ling-Chiang-Fu in der Provinz Yunan und wird in der Schneezone gefunden, deshalb heißt er Schneetee. Proben von ihm sind schwer zu bekommen, deshalb ist der Preis hoch. Dieser Tee soll erwärmend wirken. Wenn man an einem bitterkalten Tag ein Glas davon zu sich nimmt, werden die inneren Organe so erwärmt, als ob ein Feuer angezündet worden sei. Deshalb wird er bei Erkältungen und Ruhr benutzt.

8. *Lo-Chieh-Ch'a* (Tee)... wird im Westen des Nutang-Gebirges hergestellt und ist nach dem Mann benannt, der ihn dort in alten Zeiten anpflanzte.
Der Berg Nutang ist ein geheiligter Ort der taoistischen Religion. Hier gab es viele Tempel, die u.a. die inneren Schulen der Kampfkünste ins Leben riefen. Es heißt, daß Chang-San-Feng hier das T'ai Chi Ch'uan schuf, das heute in der ganzen Welt bekannt ist. Die Sommersonnenwende ist die beste Zeit, um die Teeblätter zu ernten. Gebirgige Gegenden sind die einzigen Stellen, wo dieser Tee wachsen kann, deshalb ist auch sein Wert hoch. Seine medizinische Funktion besteht in der Behandlung von Lungenbeschwerden und Wassersucht.

9. *P'o-T'o-Ch'a* (Tee)... kommt von der Insel Pootoo, einer der Chusaninseln. Obwohl Pootoo eine kleine Insel ist, ist sie der buddhistischen Religion sehr heilig. Von da kommt Kuan Shi Yin, deren Tempel sich dort befindet. Dieser Tee ist gut zur Behandlung von Blutungen, Blutspucken und Ruhr.

10. *Wu-i-Ch'a* (Tee)... wird in den Wu-i-Bergen hergestellt. Die in der Provinz Fukien gelegenen Berge sind sehr schön und haben viele steile Abhänge, an denen ein ausgezeichneter Tee wächst. Es ist ein schwarzer Tee, den man gegen Trunkenheit benutzt, zur besseren Verdauung und bei Ruhr.

11. *Chu-Lan-Ch'a* (Tee)... bedeutet Perlorchideen. Er ist wohlriechend und schmeckt sehr gut.

12. *Mo-Li-Ch'a* (Tee)... weißer Jasmin, wird mit dem Tee in luftdichte Kisten gepackt, so auch der Chu-Lan Ch'a (Tee).

Chrysanthemen gemischt mit Teeblättern:
Besondere, kleinere Chrysanthemen sind am besten, wenn sie in Hang Chow in der Provinz Chekiang hergestellt werden, inzwischen werden sie aber schon überall hergestellt. Zusammen mit grünem Tee können sie Fieber senken, den Augen und Nieren nützen und entgiftend wirken.
Weiße Chrysanthemen sollten trocken sein. In Verbindung mit im November gesammelten Maulbeerbaumblättern sind sie besonders gut für die Augen und wirken bei Fieber und Grippe.

Ein Tee aus drei Stückchen Ingwer und drei Datteln zusammen mit braunem Zucker kann Erkältungen und Rheuma heilen.

Yeh-Ch'a, was wilder Tee bedeutet, wächst an den Abhängen und ist für die Chinesen der beste Tee.

10. KAPITEL

Die Beziehung zwischen Mann und Frau

Die Taoisten glauben, daß Mann und Frau, Yin und Yang, sich gegenseitig nützen können, und daß Sexualität einer chemischen Reaktion vergleichbar ist, die unterschiedliche Elemente verbindet; das Sperma des Mannes vereinigt sich mit der Eizelle der Frau. Sie glauben, daß Yin und Yang, wie das chemisch Positive und Negative, sich miteinander verbinden, um körperlich und geistig etwas Neues hervorzubringen.

Die berühmten chinesischen Taoisten und Ärzte Tao Hung Ching aus dem 5. Jh. und Sun Ssu Mo aus dem 7. Jh. waren von der Bedeutung der Sexualität für die Gesundheit überzeugt. Nach taoistischem Glauben verhinderte sie nicht ein langes Leben, sondern war, im Gegenteil, nützlich dafür.

Grundlegend für ihre Anschauung war der Gedanke, den Samen und somit die göttliche Essenz so weit wie möglich zurückzuhalten. Dies geschah, indem der Samenfluß zum Gehirn zurückgeleitet wurde. Vermittels dieser Energie wurde das Gehirn ernährt.

Früher war diese Technik dem Kaiser vorbehalten. Hwang Ti, der Gelbe Kaiser, hatte viele Frauen und Mätressen. Er praktizierte diese Technik und regierte 100 Jahre lang, bis er schließlich unsterblich wurde. Die Geschichten und Liebesspiele mit seiner Mätresse Su Nu sind im Su Nu Ching[1] festgehalten.

Im Taoismus existieren zwei unterschiedliche Schulmeinungen über Sexualität. Die eine ist der Ansicht, daß Sex dazu beitragen kann, die Ziele der Meditation, Gesundheit, Langlebigkeit und schließlich Unsterblichkeit zu verwirklichen.

Diese Schule hatte viele erfolgreiche Meister, wie z.B. Peng Tse, der angeblich 800 Jahre alt wurde[2]. Ein anderer ist der Meister Li Ch'ing Yuen, der im 18., 19. und im ersten Teil des 20. Jh. lebte, 250 Jahre alt wurde und 14mal in seinem Leben heiratete. Der vor kurzem verstorbene Meister General Yang Sen erreichte ein Alter von 98 Jahren.

In einem Nachruf in der New York *Times* vom 17. Mai 1977 werden ihm 43 Kinder und über 20 Frauen und Mätressen zugesprochen. Eine nationalchinesische Zeitschrift berichtete, daß General Yang Sen zum Zeitpunkt seines Todes eine 21jährige Frau hatte.

Die Geschichte erzählt von vielen ähnlichen Fällen, auch von Frauen.

In der Sung-Dynastie, im 12. Jh. n. Chr., gab es sieben erleuchtete Meister. Sie nannten sich Ch'i Chen. Zwei von ihnen, Ma Tan Yang und seine Frau Sun Pu Erh Niang, meditierten zusammen, hatten drei Söhne

und erreichten schließlich Unsterblichkeit. Beide erhielten einen Titel vom Kaiser, durch den ihr geistig erreichtes Ziel bestätigt wurde.
Li Ch'ing Yuen antwortete einmal auf die Frage eines Schülers, daß das Sperma im Körper eine gewisse Qualität haben sollte: Wenn Sie diese Grenze überschreiten, wird es herausfließen, wenn es fehlt, werden Sie krank sein. Beim sexuellen Verkehr werden alte Spermien freigelassen und neue bilden sich. Dies vergrößert die Harmonie von yin und yang und ist sehr gut für den Körper.
Die andere Schule glaubt in bezug auf Sexualität an extreme Zurückhaltung. Sperma im Körper ist wie Benzin im Wagen: ohne Benzin bewegt sich der Wagen nicht. Einige Meister sind sehr weit mit ihrer Meditation gekommen, aber wenn sie ihr Sperma verlieren, ist es so, als hätten sie überhaupt niemals meditiert. Über solch eine Haltung berichtet das Buch Meister Chiao Pi Chen's: *Taoistisches Yoga: Alchemie und Unsterblichkeit*[3], in dem er auf die Frage eines weisen 70jährigen Schülers antwortet, der ihn fragt, was er gegen den Verlust des positiven Prinzips (Sperma) während des Schlafs in der letzten Nacht tun könne. Der Meister sagt, er solle seine Übungen wieder ganz von vorne anfangen, nur so könne er den Verlust wiedergutmachen. Er warnt den Schüler jedoch davor, seinen Rat nicht zu befolgen, wenn dies geschehe, sollte er nach Hause gehen und sterben.
Die Bedeutung, die Vitalität zurückzuhalten, kann nicht überschätzt werden. Ein anderer Schüler fragt Chiao, wie man den nächtlichen Samenerguß vermeiden kann. Chiao antwortet, durch Lehren der richtigen Atmung und betont, wie wichtig das Zurückhalten der Samenflüssigkeit für das Fortdauern der Gesundheit ist. Wenn der Körper nicht genug Samenflüssigkeit besitzt, so sagt er, gäbe es nichts, was ihn im Falle von schlechtem Wetter oder durch schlechte Nahrung bedingter Krankheit unterstützen könnte. Vorzeitiger Tod kann die Folge sein[4].
Im 3. Kapitel desselben Buches erklärt er, wie man die Zeugungskraft durch *tan t'ien*-Atemübungen vermehren und bewahren kann.

1. Atmen Sie ein, um den Atem entlang der Wirbelsäule vom Steißbein bis zum Gehirn gelangen zu lassen.
2. Atmen Sie aus, um den Atem vom Hals bis zum Unterleib herunterzuleiten und bringen Sie ihn zurück zum Genitalbereich.
3. Atmen Sie ein, um ihn vom Genitalbereich zum unteren Unterleib und zum Nabel zu führen, zu dessen beiden Seiten der einen Gürtel bildende Gürtelkanal beginnt, der um den Bauch herumführt, und wo sich der Lebensatem teilt, um zum Kreuz zu gelangen und von da hinauf zu den beiden Schultern, wo er haltmacht.
4. Atmen Sie aus, um den Atem von beiden Schultern hinunter zur Außenseite der Arme und Handgelenke bis zu den Mittelfingern fließen

zu lassen und von dort zur Mitte der Handflächen, wo er haltmacht.
5. Atmen Sie ein, um den Atem von der Mitte beider Handflächen über die Innenseite der Arme hinauf zur Brust fließen zu lassen, wo er haltmacht.
6. Atmen Sie aus, um den Atem hinunter zum Gürtelkanal zu leiten, wo seine beiden Ausläufer sich unter dem Nabel wieder vereinigen und dann zum Genitalbereich zurückkehren.
7. Atmen Sie ein, um den Atem von Genitalbereich in den Bereich, der sich von der Leistengegend bis 5 cm unter das Herz erstreckt, heraufzubringen. Auf keinen Fall sollte er über das Herz hinaus aufsteigen.
8. Atmen Sie aus, um ihn von unter dem Herzen hinunter zur Schambeingegend zu führen, wo er sich teilt, um in zwei Kanälen auf den äußeren Seiten der Beine bis zu den Fußspitzen hinunterzugehen, bis er die Mitte der Fußsohlen erreicht, wo er anhält.
9. Atmen Sie ein, um den Atem von den Fußsohlen durch die Kanäle an den Innenseiten der Beine hinauf zur Schambeingegend und dann zum unteren Teil des Unterleibs zu führen, wo er anhält.
10. Atmen Sie aus, um ihn vom unteren Unterleib zum Genitalbereich zu führen, wo er haltmacht.

Diese zehn Atemübungen können jeden Teil Ihres Körpers reinigen – Arterien und Venen, Arme, Beine, Rumpf und Kopf. Sie können das Blut reinigen, den Kreislauf anregen und Stockungen lösen. Jedes Organ kann die Verfassung wiedergewinnen, in der es war, als es jung war. Üben Sie jeden Tag morgens nach dem Aufstehen und abends vor dem Schlafengehen, wobei Sie jedesmal drei bis fünf Zyklen ausführen. Am Anfang mag die Übung etwas langsam und unnatürlich erscheinen, nach einigen Monaten jedoch wird sie Ihnen völlig natürlich vorkommen.
Bemerkenswerte Parallelen bestehen zwischen der taoistischen und der buddhistischen Einstellung zur Sexualität. Im Buddhismus gibt es ebenfalls zwei Schulen: in der einen wird Sexualität strikt eingeschränkt; die andere, die tantrische Schule, ist der ersten Schule des Taoismus vergleichbar, die Sexualität als ein Mittel zur Erleuchtung betrachtet. Für diese buddhistische Schule ist Sexualität eine Meditationshilfe. Das männliche Organ, dargestellt durch einen Blitz, wird als Yang betrachtet. Das weibliche, als Lotus dargestellt, vertritt das Yin-Prinzip. Wenn sie vereint sind, können sie die Vollkommenheit erreichen. Man glaubt, daß sich die Essenz Buddhas im weiblichen Geschlechtsorgan befindet. Diese Schule glaubt, daß die mystische oder göttliche Energie eines höheren Wesens (oder Buddhas) in seinem weiblichen Gegenpart liegt, von dem er sie in einer Umarmung erhielt. Der irdische Yogi, der Vollkommenheit sucht, kann sich mit seiner Yogini in einem mit zahlreichen Riten und Zeremonien vorbereiteten Akt *(maithuna)* sexuell vereinigen.

Die Klöster der tantrischen Schule in Südostasien, der Mongolei und in Tibet besitzen viele Statuen und Bilder, die Buddha in sexueller Vereinigung mit einer Frau zeigen. Dieses ist der »Glückliche Buddha«. Die Lehre des tantrischen Yoga beinhaltet sexuelle Techniken, die zur Erlangung des Meditationsziels hilfreich sein können.
Die Ansicht des Konfuzius über Sexualität ist in seinem Buch *Der Weg der Mitte* dargelegt:

> Der Weg des höheren Menschen kann in seinen einfachen Grundzügen im Verkehr gewöhnlicher Männer und Frauen gefunden werden; aber hier in seinen letzten Höhen scheint er strahlend durch Himmel und Erde hindurch.[5]

Im selben Buch stellt er fest:

1. Der Weg, auf dem sich der höhere Mensch bewegt, führt weit und ist doch geheim.
2. Es kommt vor, daß gewöhnliche Männer und Frauen, die eigentlich unwissend sind, mit diesem Wissen in Berührung kommen; in den letzten Höhen jedoch gibt es etwas, um das selbst der Weise nicht weiß.
   Gewöhnliche Männer und Frauen, stehen sie auch weit unter dem normalen Charakterniveau, sind fähig, es auszuführen; in den letzten Höhen jedoch gibt es etwas, das selbst der Weise nicht in die Tat umsetzen kann.[6]

Die »letzten Höhen« haben zu tun mit Gesundheit, Langlebigkeit und dem Erreichen der Unsterblichkeit. Eine andere Seite der konfuzianistischen Schule wird durch Mencius verkörpert: »Das Verlangen des Kindes ist auf Vater und Mutter gerichtet. Wenn es sich der Reize der Schönheit bewußt wird, richtet sich sein Verlangen auf junge und schöne Frauen.«[7]
Einer der Schüler des Mencius, Kao Tse, ist sogar noch deutlicher. Er behauptet, daß die menschliche Natur sich im Genuß von Nahrung und Schönheit erschöpfe.[8]
So heißt es, es lebte einmal ein Einsiedlermönch, der ein Waisenkind zum Schüler annahm. Viele Jahre lebten sie im Gebirge, fernab von der Gesellschaft. Einmal brachte er seinen Schüler in die Stadt und der junge Mönch interessierte sich für die eigenartige neue Umgebung. Als er eine junge Frau sah, fragte er seinen Meister »Was ist das?« Der Mönch, der nicht wollte, daß sein Schüler solchen Gedanken nachging, antwortete: »Es ist ein Tiger.« Als sie zum Kloster zurückkehrten, dachte der junge Mann über das, was er gesehen hatte, nach. Sein Meister fragte: »Was gefiel dir denn am besten?« Der junge Mönch antwortete: »Der Tiger.«

Anmerkungen

1 Akira Ishihara und Howard S. Levy Übers. *The Tao of Sex* (New York: Harper and Row, 1968). Siehe auch Joseph Needham, *Science and Civilisation in China,* Bd. II (Cambridge: The University Press, 1954), S. 147.
2 Siehe mein *Taoist Health Exercise Book* (New York, Quick Fox, 1974), S. 135.
3 Übersetzt von Lu K'uan Yu (New York: Samuel Weiser, 1973), 10. Kapitel.
4 *Ibid.*
5 *The Chinese Classics,* James Legge, Übersetzer (Hong Kong: Hong Kong University Press, 1960), Bd. I, S. 393.
6 *Ibid.,* S. 391–92.
7 *Ibid.,* Bd. II, S. 345.
8 *Ibid.,* S. 397.

11. KAPITEL

Frieden des Geistes

In Kapitel 2 sahen wir, wie sehr die alten taoistischen und konfuzianistischen Klassiker die Erlangung eines friedvollen Geistes für Gesundheit, langes Leben und echte Weisheit hervorheben. Das Studium der alten Klassiker stellt an und für sich schon eine wertvolle Hilfe zur Erlangung eines friedvollen Geistes dar, jedoch ist es noch viel wichtiger, die darin enthaltenen praktischen Ratschläge in unser tägliches Leben einzubeziehen. Wie aber ist das möglich? Es scheint, daß die enorme Geschwindigkeit und der Druck des heutigen Großstadtlebens es schwierig machen, gemäß den taoistischen Prinzipien zu leben. Aber obwohl das alte China oder das ländliche Rußland Gegenden sind, wo von Natur aus eher eine friedliche Lebenshaltung vorherrscht, unterstreicht diese Tatsache nur, wie wichtig und nützlich die taoistische Einstellung in unserer heutigen Welt voller Umweltgefahren und Bedrohung für die Gesundheit ist.

Die wesentlichsten praktischen Hinweise zur Erlangung geistigen Friedens sind ganz einfach. Beharren Sie nicht allzusehr auf Ihren Vorstellungen, wie die Welt zu sein hätte. Vermeiden Sie, Ereignisse als »gut« oder »schlecht« zu bezeichnen. Verurteilen oder loben Sie nicht das Geschick oder die Taten anderer. Denken Sie nicht an Ihren eigenen Verlust oder Gewinn im Umgang mit anderen. Wenn jemand Sie verletzt, vergelten Sie die Beleidigung mit Freundlichkeit. Haben Sie es nicht eilig, irgendwohin zu gelangen oder irgend etwas zu erreichen. Konzentrieren Sie sich nicht allzusehr auf die Erlangung Ihrer Ziele, denken Sie nicht zu viel darüber nach, investieren Sie hier nicht zu viel Energie. Gönnen Sie sich viel Ruhe.

Sobald Sie beginnen, diese Ratschläge regelmäßig in Ihrem Leben zu befolgen, wird alles ganz leicht werden und die anfänglichen Schwierigkeiten erscheinen Ihnen als banal. Es ist von großem Vorteil, die täglichen Erfahrungen nicht *trotz* allen Übels und aufgrund der Hoffnung auf ein Himmelreich nach dem Tode zu akzeptieren, sondern freudig was auch immer kommt in einer die begrenzende Unterscheidung zwischen Gut und Böse transzendierenden Haltung zu leben. Durch die Harmonie mit dem Universum als Ganzes werden wir glücklich und können den Himmel hier und jetzt auf diese Weise in der Gegenwart verwirklichen.

Die größte, einzige Einsicht ist vielleicht die, daß nichts auf der Welt weder gut noch schlecht, richtig oder falsch ist. Die Dinge erscheinen uns lediglich aufgrund der Begrenzung durch unseren eigenen Standpunkt von

Bedeutung. Diese Einsicht wird in zahlreichen chinesischen Geschichten und Gedichten illustriert. Die amüsantesten finden sich im *Huai Nan Tzu* von Liu An, einem Dichter der Han-Dynastie. In einer seiner Geschichten entdeckte ein Bauer im Norden Chinas nahe der mongolischen Grenze eines Tages, daß sein Pferd verschwunden war. Er wußte nicht, ob es verlorengegangen oder gestohlen worden war und fand sich in einer äußerst unangenehmen Lage, da er das Pferd für seine Arbeit brauchte. Seine Nachbarn kamen, um ihn zu trösten und klagten mit ihm über das ihm widerfahrene Unglück. Der Bauer wollte davon jedoch nichts hören und erklärte, daß das, was geschehen war, nicht unbedingt so negativ sei, und es deshalb keinen Anlaß gebe zu trauern.

Einige Tage später kam das Pferd in Begleitung eines wundervollen mongolischen Hengstes zurück, der von seiner Herde abgekommen und dem Pferd des Bauern gefolgt war. Dies befreite den Bauern nicht nur aus seiner mißlichen Lage, sondern erhöhte auch sein Wohlbehagen beträchtlich, denn das neue Pferd war einiges wert. Wieder kamen die Nachbarn, diesmal, um an seinem Glück teilzunehmen, und beneideten ihn um das schöne Tier, das ihm durch einen glücklichen Zufall in die Hände geraten war. Der Bauer jedoch freute sich nicht mit ihnen, sondern erklärte, daß das Geschehene nicht unbedingt so positiv sei.

Nicht lange danach ritt der Sohn des Bauern auf dem mongolischen Pferd aus, war jedoch unfähig, es zu kontrollieren, da sich seine Erfahrung als Reiter auf brave Ackergäule beschränkte. Der lebhafte Hengst warf ihn ab, wobei er sich schwer am Oberschenkel verletzte und in der Folge erlahmte. Obwohl der Bauer durch diesen Zwischenfall erneut in eine unangenehme Lage geriet, weigerte er sich wiederum, dies als ein Unglück anzusehen und war nicht allzu traurig.

Im Jahr darauf überschwemmten die Heere der Mongolen China, und jeder kampffähige junge Mann wurde in die Armee eingezogen, um das Reich zu verteidigen. Der Kampf war hart und viele starben im Laufe der zahlreichen, wilden Schlachten. Der Sohn des Bauern jedoch verlor sein Leben nicht, da er aufgrund seiner Lähmung vom Militärdienst ausgeschlossen war.

Dieser Bauer hatte echte Weisheit bewiesen. Durch seine gleichmütige Haltung in allen Situationen war er ebenso vorbereitet für die Möglichkeit des Guten im Schlechten, wie die des Schlechten im Guten, wodurch es ihm gelungen war, im Laufe sämtlicher Ereignisse gleichbleibend glücklich zu sein.